Paul Biegel

Ich will so gerne anders sein

Paul Biegel Ich will so gerne
anders sein

Mit Illustrationen von Linde Faas

Urachhaus

Aus dem Niederländischen von Herbert Kranz

Die niederländische Originalausgabe ist unter dem Titel *Ik wou dat ik anders was* erstmals im Verlag Holland, Haarlem 1967 erschienen.
Neuausgabe bei Holland und Lemniscaat b.v., Rotterdam 2009.

ISBN 978-3-8251-7807-9

2. Auflage 2019
Erschienen im Verlag Urachhaus
www.urachhaus.de

© 2014 Verlag Freies Geistesleben & Urachhaus GmbH, Stuttgart
Text © Paul Biegel Erben 1967
Umschlag und Innenillustrationen: © Linde Faas 2014
Gesamtherstellung: Livonia Print, Riga, Lettland

Das Einmaleins mit der Sieben

»Ich will so gerne anders sein!«, rief ein kleiner Junge. Er saß vor seinem Rechenheft und hatte gerade geschrieben: ›Einmal sieben ist …‹

Nun wollte er eine Sieben hinschreiben, denn einmal sieben ist eben sieben, aber statt der Ziffer kam aus seiner Feder ein großer schwarzer Tintenklecks.

Der Junge war ein rundliches Kerlchen. Er musste eine Brille tragen, bei der ein Glas zugeklebt war, denn er sollte sein linkes Auge schonen. Er hatte immer wieder das Pech, über seine eigenen Füße zu stolpern, und mit dem Rechnen haperte es sehr. Seine Rechenaufgaben waren meistens falsch, mit dem Lesen ging es nur soso, und das Wort »Pferd« schrieb er hinten mit einem T.

Es kam aber noch schlimmer. Als ihn nämlich sein Lehrer fragte: »Worauf endet Pferd?«, da antwortete der Junge: »Ein Pferd hat am Ende einen Schwanz.«

Da lachte die ganze Klasse, und der kleine Junge musste sich in die Ecke stellen.

Dass ihm gar nicht recht wohl war, könnt ihr sicher verstehen, und wenn die großen Leute ihn fragten, was denn einmal aus ihm werden solle, antwortete er: »Anders will ich werden, ganz anders.«

Das sagte er immer wieder, und schließlich nannten ihn alle Leute ›Anders‹. Aber eigentlich hieß er Robert.

Robert lebte in einem kleinen holländischen Dorf, und sein Vater war Frisör. Am Samstag kamen alle Bauern in seinen Frisier-Salon und ließen sich rasieren und die Haare schneiden. Die Rasierseife roch gut, aber die ungewaschenen Hälse der Kunden verströmten keinen sehr angenehmen Duft.

An so einem Samstagnachmittag machte Anders den großen Klecks in sein Rechenheft. Er saß in dem Zimmer neben dem Frisier-Salon, und er musste das Einmaleins mit der Sieben aufschreiben. Aber die Ziffern tanzten vor seinen Augen, und das konnte er nicht aushalten. Verdrießlich starrte er durch das helle Augenglas seiner Brille zum Fenster hinaus.

Er hörte, wie ein Bauer zu seinem Vater sagte: »Schmier mir ordentlich Brillantine ins Haar, morgen ist Sonntag.« Ein anderer brummelte mit einer unangenehm krächzenden Stimme: »Mit meinen Fingern will es einfach nicht besser werden. Das ist dieser verteufelte Rheumatiskus, aber dagegen wissen die Doktors nichts. Und warum wissen sie nichts? Weil sie überhaupt von nichts was verstehen!«

Jetzt hörte Anders, was sein Vater darauf sagte: »Geh doch mal zu Frau Buhl und zeig ihr deine Finger.«

»Zu der alten Hexe?«, fragte der Bauer ganz aufgebracht, »dass die einem helfen kann, das glaubst du doch selber nicht!«

»Als ich scheußliche Kopfschmerzen hatte«, sagte sein Vater, »hat sie mir mit der Hand über die Stirn gestrichen und sofort waren die Kopfschmerzen weg!«

»Das ist Zauberei«, knurrte der Bauer, »damit will ich nichts zu tun haben.« Aber der kleine Junge, der jedes Wort verschlungen hatte, war ganz aufgeregt. ›Wenn Frau Buhl zaubern kann‹, dachte er, ›dann kann sie mich doch auch so verzaubern, dass ich ganz anders werde!‹

Er ließ sein Rechenheft mit dem Klecks auf dem Tisch liegen und huschte über den Hof hinaus auf die Straße. Wo Frau Buhl wohnte, das wusste er natürlich genau – in einem kleinen, alten Haus am Rande des Dorfes. Aber als er davorstand, wurde ihm bang ums Herz.

Was sollte er der alten Frau nur sagen?

Es gruselte ihn richtig, und er wollte eben kehrtmachen und davonlaufen, als die Tür aufging und Frau Buhl heraustrat.
»Willst du zu mir, Kerlchen?«, fragte sie freundlich.
Dem Jungen stockte der Atem.
»Nein, nein«, stammelte er, »oder doch …« Er starrte auf ihre funkelnden schwarzen Augen und ihr schlohweißes Haar.
»Zeig mir mal dein Händchen«, sagte sie.
»Ach, die sind ganz voll Tinte«, antwortete er verlegen.
»Nun mach schon«, sagte sie, fasste seine linke Hand, fuhr mit der Schürze darüber und sah scharf auf sie.
»Ei, ei, ei«, sagte sie und schüttelte den Kopf, »was für merkwürdige Linien! Aber sie laufen gut aus.«
Immer noch schaute sie auf die kleine Hand und zog dabei am Daumen und an den übrigen Fingern.
»Können Sie wirklich zaubern?«, fragte er, und dabei zitterte er vor Aufregung.

»Wirklich und wahrhaftig«, antwortete Frau Buhl.
»Ach bitte, könnten Sie mich dann vielleicht so verzaubern, dass ich ganz anders werde?«
»Was meinst du denn damit?«, fragte die Alte.
»Ich möchte eben anders werden, als ich bin. Ich möchte keine Brille mehr tragen müssen. Ich möchte groß und stark sein. Und alles, was ich lernen muss, das möchte ich ganz leicht und fest im Kopf behalten.«
»Ach so«, sagte Frau Buhl. Sie richtete sich auf und sah den kleinen Kerl lange an. »Das möchtest du also. Na, da kann ich dir nicht helfen. Da musst du dich schon an den Großen Zauberer wenden. Aber du musst ihm auch zeigen, dass du was kannst.«
»Wie soll ich das denn machen?«, fragte der Junge bekümmert.
»Was lernst du jetzt in der Schule?«
»Das Einmaleins mit der Sieben.«
»Dann lerne das mal schön, mein Junge, damit du es aus dem Kopf aufsagen kannst. Fang am besten gleich damit an. Und wenn heute Abend der Mond scheint, machst du das Fenster auf und sagst das Einmaleins mit der Sieben auf. Wenn du das richtig machst, dann hilft dir der Große Zauberer.«
»Wirklich?«
»Wirklich und wahrhaftig«, versicherte die Alte, »und nun geh nur!«
Anders lief nach Haus, so schnell er nur konnte, und setzte sich wieder vor sein Rechenheft. Einmal sieben ist sieben. Zweimal sieben ist fünfzehn. Dreimal sieben ist vierund-, nein, fünfunddreißig … oder?
Er wusste es nicht mehr. Er sah in sein Buch, und da stand:
$1 \times 7 = 7$. $2 \times 7 = 14$. $3 \times 7 = 21$.
Er hielt sich die Hand vor die Augen und sagte sich das Einmaleins noch einmal von vorn auf. Aber bei dreimal sieben stockte er wie-

der, hatte die Zahl vergessen und musste noch einmal nachsehen. Damit brachte er den ganzen Nachmittag hin, während sein Vater die Bauern schabte und die Klumpen Seifenschaum, in denen schwarze Bartstoppeln saßen, an einem Löschpapier abstrich.

Als der Junge abends ins Bett ging, hielt er seine Augen krampfhaft offen und kniff sich immer wieder in den Arm, um nur ja nicht einzuschlafen. Dabei sagte er sich das Einmaleins mit der Sieben immer wieder leise auf. Er war ganz sicher, dass er es jetzt konnte, denn es ging wie geschmiert, ohne einen Fehler. Wenn der Große Zauberer kam, dann wollte Anders ihn fragen, ob er ihn nicht etwas älter zaubern könnte. Am besten zwölf – denn mit zwölf würde er ein Fahrrad bekommen. Dann würden alle Augen machen! Dann hieß er auch nicht mehr Anders, sondern Robert, wie sein Taufname war. Und Robert boxte jeden zusammen, konnte die Hauptstädte des Balkans aufzählen und kannte alle Käsesorten auswendig.

Endlich hörte er, dass Vater und Mutter zu Bett gingen. Totenstill war es überall geworden. Durch einen Spalt in den Gardinen sah er, dass der Mond in seine Schlafkammer schien. Ganz leise kletterte er aus seinem Bett, fuhr in seine Pantoffeln, kroch zwischen Gardine und Fenster und machte es dann weit auf.

Da stand der Vollmond in seiner Pracht. Anders blickte ihn fest an und sagte das Einmaleins mit der Sieben auf: »Einmal sieben ist sieben. Zweimal sieben ist siebzehn. Dreimal sieben ist siebenundzwanzig. Viermal sieben ist siebenunddreißig. Fünfmal sieben ist siebenundfünfzig. Sechsmal …«

Da hörte Anders plötzlich ein feines Stimmchen, das lachte und rief: »Falsch! Alles falsch! Alles, was du sagst, ist grundfalsch!«

»Aber ich habe doch alles ganz genau …«, rief Anders und sah sich um.

Wer war denn da in sein Schlafzimmer gekommen?

Federchen

Der kleine Anders machte große Augen. Denn da saß auf der Fensterbank ganz dicht bei ihm ein keines Mädchen. Es hatte ein weißes Röckchen an und ebenso weiße Pantöffelchen.
»Bist du der Große Zauberer?«, fragte er.
»Nein!«, rief das Mädchen. »Ich bin Federchen. Und du kannst nicht rechnen.«
»Aber woher kommst du denn?«, fragte Anders.
Federchen zuckte die Achseln. »Das weiß ich nicht mehr. Der Wind bläst mich hierhin und dorthin.«
»Bist du denn so leicht?«, fragte Anders.

»Aber ja!«, rief die Kleine. Sie sprang in die Höhe und sank dann, leicht wie eine Daunenfeder, wieder auf das Fensterbrett. »Du bist ganz schön dick«, sagte sie, »ich wette, dich bläst kein Wind um, nicht einmal ein Sturm.«

»Aber manchmal stolpere ich«, sagte Anders bekümmert.

»Und du hast eine schöne Brille«, sagte Federchen.

»Die hilft mir auch nicht«, sagte Anders. »Ich möchte so viel lernen, aber ich behalte nichts. Ich will auch nicht immer wieder stolpern. Ich möchte ganz anders sein, als ich bin, und jeder nennt mich Anders, aber davon werde ich auch nicht anders und bleibe, wie ich bin. Nun hat mir die alte Frau Buhl geraten, ich müsste das Einmaleins mit der Sieben aufsagen, dann käme der Große Zauberer und verzauberte mich, damit ich anders wäre – aber ich kann das Einmaleins mit der Sieben nicht behalten. Den ganzen Tag habe ich darüber gesessen, und auch noch spät abends!«

»Aber vom Einmaleins mit der Sieben weißt du nicht eine Bohne!«, rief Federchen, »das habe ich gehört.« Anders nickte verdrießlich. »Vielleicht kann ich es dir beibringen«, sagte das Mädchen, »aber willst du wirklich mit dem Großen Zauberer sprechen?«

»Ja«, sagte Anders fest.

»Ganz bestimmt?«

»Ganz bestimmt«, antwortete Anders.

»Dann musst du mit mir gehen«, sagte Federchen, »aber zieh dir drei Pullover übereinander an und dicke Winterstrümpfe, denn vielleicht müssen wir durch Schnee und Eis.«

Anders kroch unter der Gardine ins Zimmer und zog sich rasch an. Er nahm noch ein Taschentuch mit und ein Lederläppchen, mit dem er die Brille putzen wollte. Dann kam er wieder an die Fensterbank, wo Federchen wartete.

»Fertig!«, rief er und wollte zum Fenster hinausklettern. Aber in dem Augenblick rief Federchen: »Huiii!«

Da sah Anders, dass Federchen wuchs. Größer wurde sie, immer größer, und auch die Fensterbank und der Fensterrahmen wurden immer größer, die Häuser draußen wurden größer und größer und größer.

»Hilfe!«, schrie Anders, aber seine Stimme erstickte in einer Wolke von Flaumfedern, die so lang waren wie Schilfblätter.

Dann aber wusste er von nichts mehr.

Zauberei

Als seine Mutter am anderen Morgen in die Kammer kam, in der sein Bett stand, fand sie es leer. Sie sah sich nach ihrem Jungen um, sie suchte ihn überall und rief: »Anders! Anders!« Aber von ihm war nichts zu sehen und nichts zu hören. Das ganze Dorf suchte sie nach ihm ab, doch das Kerlchen war nicht zu finden. Wie sie sich so umblickte, hätte sie ein weißes Federchen sehen können, das der Wind hoch am Himmel dahintrieb, hinaus aus dem Dorf und zum Wald hin. Aber sie sah nicht auf, sondern sie schaute in alle Stuben und Ställe, und wenn sie das Federchen erblickt hätte, dann hätte sie sich auch nichts dabei gedacht.

Als der Haarschneider und Barbier am nächsten Samstag den Bauern wieder die Stoppelbärte abschabte, die im Lauf der Woche gewachsen waren, sagte er zu seinen Kunden: »Es ist mir ganz rätselhaft, wo der Junge geblieben ist. Alle Türen waren fest verschlossen. Er muss zum Fenster hinausgeflogen sein.«

Der Bauer mit der unangenehm krächzenden Stimme antwortete: »Das ist Zauberei. Ich sag's, wie's ist: Zauberei.«

Hatte er damit recht? Nun, wir werden ja sehen, was mit Anders geschehen war.

Als er am nächsten Morgen aufwachte, weil ihm die Sonne ins Gesicht schien, dachte er zuerst, er läge in seinem Bett. Aber das war gar nicht sein Bett! Er lag da auf ganz weichen Daunen! Er richtete sich auf und schaute sich um. Er sah nichts als blauen Himmel: links, rechts, vorn, hinten – überall blauer Himmel. Dabei hatte er das Gefühl, er schwebe in der Luft. Jetzt schaute er nach unten. Aber da war kein Erdboden zu sehen.

»Hilfe!«, schrie er. »Ich schwebe! Ich fliege! Ich falle!«
So war es auch. Durch die blaue Luft flog Anders auf einer weißen Feder, die so riesengroß war, dass ihr der dicke Junge nicht schwerer schien als eine Ameise.
Windstöße fassten die Feder. Er musste sich festhalten, ihm wurde angst. ›Wenn ich nur nicht hinunterfalle!‹, dachte er.
Jetzt ließ der Wind nach, und die Feder drehte sich um sich selbst. Kein Karussell konnte sich so rasend schnell drehen wie die leichte Feder, und dem armen Jungen wurde ganz schwindlig. Er verlor den Halt, glitt von der Feder ab und sank in eine große grüne Masse, und auch die schien sich im Kreis zu drehen.
Zum Glück landete er auf dem Erdboden mit einem sanften Bums. Jetzt war ihm nicht mehr schwindlig, und er blickte sich um. So einen fremdartigen Wald hatte er noch niemals gesehen.
Die Bäume waren ganz grün, hatten überhaupt keine Äste und standen so dicht nebeneinander, dass sie ihn gar nicht vorbeiließen. ›Wo bin ich denn nur?‹, fragte er sich. ›Was ist eigentlich mit mir geschehen?‹
Mühsam zwängte er sich zwischen den Bäumen hindurch. Die Stämme waren nicht alle rund. Manche hatten scharfe Kanten, und Anders musste klettern und klimmen, um an ihnen vorbeizukommen. Das ging in die Knochen, und nach einer Weile musste er sich ausruhen. Wie er so dasaß und seine Brille putzte, hörte er auf einmal ein feines Stimmchen.
»Heda! Heda! Wo bist du denn?«
»Federchen!«, rief Anders. Die Stimme kannte er – das war das kleine Mädchen in dem weißen Röckchen und den weißen Pantöffelchen, das gestern Abend auf seinem Fensterbrett gesessen hatte.
»Federchen!«, rief er wieder. Ihm war auch, als hätte er etwas Weißes gesehen. Aber als er sich seine Brille aufsetzte, konnte er niemanden entdecken.

Wütend versuchte er weiterzukommen. Umgefallene und abgebrochene Stämme lagen ihm im Weg. Er musste sie umgehen oder überklettern. Scharfe Kanten zerschnitten ihm die Hände. Dicke Knäuel von uralten Wurzeln hielten ihn auf.
»Federchen, wo bist du?«
Jetzt vernahm er ein schwaches Stimmchen: »Hier!« Rasch wollte er dem Ruf nachgehen, aber er blieb mit dem linken Fuß hängen und kam trotz aller Mühe nicht wieder los.
»Federchen!«, rief er. »Hilfe! Hilfe!«
Aber als Antwort hörte er nur einen schrillen Schrei: »Ach je, ach je – ich kann mich nicht mehr halten!«
Im selben Augenblick krachte es schrecklich im Wald.
Ein heulender Sturmwind kam herangeschossen, die Baumstämme bogen sich wie Grashalme, und Anders wurde mit seinem Rücken auf die Erde gepresst. Über den sich biegenden Baumstämmen sah er etwas Weißes. Es flog rasend schnell dahin und war sogleich seinen Augen entschwunden.

Der Sturm war vorbei. Ganz still war es geworden – aber als er nach Federchen rief, kam keine Antwort mehr.
Langsam begriff Anders, was geschehen war. Auf der Fensterbank war nicht alles ganz groß geworden, sondern er selbst war winzig klein geworden. Und so hatte ihn Federchen huckepack auf ihren Rücken genommen, war mit ihm weggeflogen, und dann war er heruntergefallen.
Da lag er nun – nicht in einem Wald von fremdartigen Bäumen, sondern mitten zwischen Grashalmen, die für ihn so groß waren wie Bäume. Der Sturmwind war nur ein einziger Windstoß gewesen und hatte Federchen weggeweht.
›Was mache ich nun?‹, dachte er. Piepklein war er geworden. ›Wie komme ich nur zu dem Großen Zauberer?‹

Aber darüber nachzudenken, hatte er jetzt keine Zeit. Er sah nämlich, dass sich zwischen den Stämmen etwas bewegte. Langsam kam es auf ihn zu. Rasch setzte er sich seine Brille auf – und was sah er da? Ein scheußliches Ungeheuer, das einem sechsbeinigen Tiger glich oder einem Drachen mit einem feuerroten Kopf.
›Eine Ameise!‹, schoss es ihm durch den Kopf, und damit hatte er ganz richtig gesehen. Eine riesige und schreckliche Ameise war es, und das Untier kam geradewegs auf ihn zu.

Herr Podzok

Das Ungeheuer blieb dicht vor Anders stehen. Es hatte einen roten Kopf mit zwei schrecklichen Fühlhörnern und schleppte einen Balken. Natürlich war es nur eine ganz gewöhnliche Waldameise, die eine Tannennadel trug, aber Anders war ja so klein, dass er vor Schreck wie angenagelt dastand.
»Was stierst du mich so an?«, zankte die Ameise. »Hilf mir lieber ein bisschen!«
»Ich ... ich bin so erschrocken«, stammelte Anders.
»Was soll das heißen?«, fragte der Ameisenmann böse. »Siehst du nicht, wie ich mich abschleppen muss?«
»Ja gewiss, mein Herr.«
»Weißt du nicht, was sich gehört? Man nennt mich beim Namen, und ich heiße Podzok.«
»Jawohl, Herr Podzok«, sagte Anders und nahm das andere Ende des Balkens und legte es sich auf die Schulter. Wie gesagt, es war nur eine Tannennadel, aber sicher fünfmal länger als der kleine Junge und elend schwer.
»Wo müssen wir denn damit hin?«, keuchte Anders.
»Was für eine dumme Frage!«, rief Herr Podzok. »Wer bist du denn überhaupt?«
»Ich bin Anders, Herr Podzok«, sagte Anders.
»Das habe ich schon gemerkt«, antwortete Herr Podzok, »du hast vier Füße anstatt sechs. Was machst du hier?«
»Ich bin auf dem Weg zum Großen Zauberer«, sagte Anders, »aber erst muss ich das Einmaleins mit der Sieben auswendig lernen.«
»Zu Herrn Miri-Muri willst du?«, rief Herr Podzok. »An deiner Stelle würde ich mich hüten, etwas so Dummes von mir zu geben,

mein Junge. Das ist nämlich gefährlich. Wenn ich du wäre, dann würde ich in die Schule gehen und etwas lernen. Das hast du sehr nötig. Denn ein Einmaleins mit der Sieben gibt es gar nicht. Es geht nur bis sechs, dann ist Schluss.«

»Aber ich habe doch in meinem Rechenbuch –«, rief Anders, kam jedoch nicht weiter.

»Widersprich mir nicht«, sagte Herr Podzok ärgerlich, »und lauf gefälligst etwas schneller.«

Anders konnte kaum noch weiter. Seine Schulter tat ihm vom Tragen so weh, und Herrn Podzoks Meinung, es gäbe keine Sieben, verwirrte ihn. Aber er riss sich zusammen, und nach einem mühsamen Weg von zwei Stunden standen sie endlich vor einem berghohen Bau aus Tannennadeln. Herr Podzok schob den Balken auf den großen Haufen und klappte seine Kinnbacken zusammen, mit denen er den Balken gehalten hatte. Dann wandte er sich an den Jungen.

»Ich werde dich jetzt in die Schule bringen«, sagte er, »da kannst du viel lernen, und vielleicht wachsen dir noch die beiden Beine nach, die dir bislang fehlen.«

»Aber ich möchte doch –«, wandte Anders ein, doch da unterbrach Herr Podzok ihn wieder.

»Kein Wort weiter«, sagte er, »es geht nicht nach dem, was man möchte.« Er fasste Anders am Arm und zog ihn in den Berg. Sie kamen in einen dunklen Gang, in dem es süß roch und zugleich säuerlich. »In der Klasse von Fräulein Zwoa wirst du einiges über die Welt erfahren«, bemerkte Herr Podzok, »sie ist eine hervorragende Lehrkraft.«

»Aber ich will jetzt –«, wandte Anders ein, doch Herr Podzok entschied: »Du hast nichts zu wollen. Außerdem sind wir schon da.« Er schob Anders in das Schulzimmer, in dem es von Ameisenkindern wimmelte, und schloss die Tür.

Zwei Gefangene

Noch ehe Anders recht wusste, wie ihm geschah, rief Fräulein Zwoa: »Alle auf die Plätze! Der Letzte kriegt einen Klaps!«
Augenblicklich saßen alle Ameisenkinder auf den Bänken.
Ihre oberen Ärmchen legten sie artig übereinander, ihre mittleren auf die Seite, und die unteren streckten sie wie ihre Fühler geradeaus.
Aber für Anders war kein Platz frei. Ganz verlegen stand er an der Tür und putzte seine Brillengläser, die sich beschlagen hatten.
»Du! Komm mal nach vorn an die Tafel«, sagte Fräulein Zwoa.
»Ich … ich … ich wusste ja gar nicht, wo ich mich hinsetzen sollte!«, stotterte Anders.
»Vor die Tafel!«, kommandierte Fräulein Zwoa und schlug mit einem Lineal auf ihr Pult. »Wer widerspricht, der kriegt eine Null!«
Mit weichen Knien ging Anders zu ihr. Er hörte, wie die Ameisenkinder kicherten, und jemand rief halblaut: »Ein ulkiger Neuer! Den pieken wir in der Pause!«
Fräulein Zwoa sah Anders scharf und streng an.
»So, so«, sagte sie, »also ein Neuer. Ich werde dich prüfen. Dann sehe ich, ob du etwas weißt oder dumm bist wie Bohnenstroh. Nenne mir die drei Hauptarbeiten!«
Anders hatte von drei Hauptarbeiten noch nie etwas gehört. Er überlegte und überlegte, aber nichts fiel ihm ein. Hilflos sah er sich um und trat von einem Fuß auf den andern. Er wurde feuerrot.
»Wird's bald?«, fragte Fräulein Zwoa.
Anders schwieg.
»Er weiß es nicht!«, rief Fräulein Zwoa voller Verachtung. »Er kriegt eine Null! Sagt ihm, was die drei Hauptarbeiten sind!«

Die Klasse antwortete im Chor: »Tragen – sägen – nagen!«
»Gut«, sagte Fräulein Zwoa. Sie sah Anders wieder an. »Und die Ausnahmen?«, fragte sie. »Wer ist vom Arbeiten befreit?«
Wieder wurde es dem armen Kerlchen siedendheiß. Durch sein freies Brillenglas starrte er Fräulein Zwoa an, die ihre Fühler in bösen Bogen krümmte.
»Noch eine Null!«, rief das Fräulein und sagte dann zu dem besten Schüler ihrer Klasse: »Pickepiek, beantworte meine Frage.«
Ein dünnes Stimmchen piepte: »Es gibt zwei Ausnahmen. Erstens die Königin. Sie arbeitet nicht, weil sie nicht zu arbeiten braucht. Zweitens die kleinen Kinder. Sie arbeiten nicht, weil sie noch nicht arbeiten können.«
»Richtig!«, sagte Fräulein Zwoa. »Und wie heißt unsere Königin?«
Jetzt atmete Anders auf. Diese Frage konnte er beantworten. Ich habe ja schon erzählt, dass Anders ein kleiner Holländer war und in Holland lebte. Wie die holländische Königin hieß, das wusste er genau.
»Unsere Königin heißt Juliana!«, rief er siegesgewiss.
Die ganze Klasse schrie vor Lachen und tobte vor Vergnügen. Fräulein Zwoa schlug *klatsch-klatsch* mit dem Lineal auf ihr Pult, bis alle still waren.
»In die Ecke mit dir!«, rief sie aufgebracht. »Und eine Stunde nachsitzen!«
Anders begriff das alles gar nicht. Er wusste ja nicht, dass Fräulein Zwoa nicht die Menschenkönigin gemeint hatte, sondern die Ameisenkönigin. Dass es die gab, hatte er noch nie gehört und konnte daher auch nicht wissen, wie sie hieß. Weshalb wurde er da so bestraft?
Während des ganzen Vormittags musste er in der Ecke stehen und dem Unterricht zuhören. Eine Landkarte wurde an die Tafel gehängt, und die Ameisenkinder nannten die Namen von Ländern

und Gebirgen und Orten und Flüssen, von denen Anders noch nie gehört hatte. Da gab es eine Landschaft, die hieß Klebgrund, einen Berg, der hieß Rammelstein, und ein Tal hieß einfach Schlammtal. Danach wurde gerechnet, und die Ameisenkinder zählten alles an ihren sechs Beinchen ab. Als die Lehrerin fragte: »Wie viel ist sechsmal sechs?«, da ging ein Flüstern wie ein leises Rauschen durch die Klasse, bis alle zugleich sangen: »Sechsunddreißig.«

Da klingelte es, und als alle Kinder das Kassenzimmer verlassen hatten, wies Fräulein Zwoa dem Jungen einen Platz auf der vordersten Bank an und sagte: »Mit so einem dummen Kerlchen habe ich noch niemals zu tun gehabt. Wie heißt du eigentlich?«

»Anders«, sagte Anders.

»Ja, das sehe ich. Mit deinen vier Beinen wirst du nie bis sechs rechnen können.«

Anders sah sie verwundert an. »Aber ich muss doch das Einmaleins mit der Sieben lernen!«, sagte er.

»Sieben?«, rief Fräulein Zwoa erstaunt und erklärte dann hochmütig: »Sieben gibt es nicht. Sechs ist das Höchste.«

Anders machte große Augen. »Aber in der Schule haben wir mit sieben gerechnet und mit acht und neun und zehn!«

»Halt den Mund!«, sagte die Lehrerin verächtlich. »Das ist nur so ein Gewäsch von einem dummen Jungen. Zur Strafe wirst du bis morgen alle Schlachten auswendig lernen, die in unserem Geschichtsbuch stehen!« Sie warf ihm ein Buch zu. »Mach dich gleich daran. Morgen sagst du sie ohne einen einzigen Fehler auf! Und nun marsch!«

Anders nahm das dicke Buch, verließ das Zimmer und kam wieder in den dunklen Gang. Vor ihm lag ein Raum, in dem die Ameisenjungen ihren Unfug trieben. Ratlos blieb er stehen, das Geschichtsbuch unter den Arm geklemmt. ›Sie werden auf mich losgehen und mich zwicken‹, dachte er. Da hörte er, dass hinter ihm jemand kam. Es war Fräulein Zwoa, schnell bog er in einen Seitenweg ab.

›Ich laufe einfach weg‹, dachte er und rannte aufs Geratewohl weiter. Er hoffte, einen Ausgang zu finden, kam aber in immer tiefere und dunklere Gänge. Er stolperte über Tannennadeln, die kreuz und quer lagen, und stieß mit dem Kopf immer wieder an. Dabei verlor er seine Brille. Als er sich bückte und mit der Hand den Boden abfühlte, hörte er jemanden jammern: »Oh, was sitze ich hier von aller Welt verlassen … Und wie langweile ich mich hier in meinem elenden Gefängnis!«

Gerade stieß Anders an seine Brille. Vorsichtig schlich er weiter. Wer hatte denn da nur geredet? Er gelangte in einen halbdunklen Raum, der einem Keller glich. Oben hatte er ein Fensterchen, aber es war mit Streichhölzern vergittert. In der Mitte stand ein großer Käfig aus Streichhölzern, und darin saß eine dicke, haarige Spinne, die beinahe so groß war wie ein Elefant.

»Ist da jemand?«, rief das Tier. Seine Stimme klang heiser. Es schlurfte durch den Käfig und starrte mit großen weißen Augen vor sich hin.

»Wer ist da?«, rief es wieder.

»I…ich«, stotterte Anders flüsternd.

»Aha«, sagte die Spinne, »ein Unbekannter!«

Sie steckte eins ihrer Beine durch das Gitter und tastete damit herum. »Wer ist denn da? Die Stimme habe ich noch nie gehört.«

Anders wich einen Schritt zurück. »Ich bin Anders«, sagte er, »hier bin ich.«

Die Spinne streckte ihre Beine noch weiter vor. »Ich kann dich nicht sehen«, jammerte sie. »Ich kann überhaupt nichts mehr sehen. Ich bin blind. Sag doch noch etwas!«

»Ich wollte aus dem Berg weg«, sagte Anders, »ich habe einen Ausgang gesucht, aber jetzt habe ich mich verlaufen.«

»Du bist keine Ameise!«, rief die Spinne. Sie hielt ihre blinden weißen Augen auf die Wand gerichtet, vor der Anders stand. »Du riechst fremd, und du sprichst fremdartig. Wer bist du denn? Und wo kommst du her?«

»Ich ... ich bin eigentlich ein kleiner Junge«, erzählte Anders, »aber Federchen hat mich verzaubert, und nun soll ich hier in der Schule die Schlachten der Ameisen auswendig lernen.«

»Ja«, sagte die Spinne, »diese Ameisen sind ein Kriegervolk, und ich war auch einmal eine gewaltige Kriegerin. Vor der starken Limali zitterten alle. Aber eine riesige Hornisse hat mir die Augen ausgestochen. Ich sah nichts mehr und fiel mitten zwischen die Waldameisen. Die nahmen mich gleich gefangen und sperrten mich in diesen elenden Käfig.«

»Oje, oje!«, sagte Anders.

»Und was machten die Ameisen?«, jammerte die Spinne weiter. »Sie sagten: ›Du bekommst nur etwas zu essen, wenn du uns mit Spinnwebfäden belieferst!‹ Und so sitze ich hier schon jahrelang. Meine Fäden, mit denen ich früher meine Netze spann, brauchen sie, um ihren Tannennadelberg zusammenzuhalten, und ich liefere sie ihnen, weil sie mich sonst verhungern lassen. Wer bin ich jetzt – und wer war ich einmal? Limali die Schreckliche wurde ich einst genannt – und heute weiß niemand mehr von mir.«

»Das tut mir wirklich sehr leid«, sagte Anders höflich. Aber er war sehr froh, dass sie in ihrem Streichholzkäfig saß und er vor ihr sicher war.

»Lies mir aus deinem Buch vor«, sagte die alte Spinne, »ich will wieder einmal etwas hören von wilden Kämpfen und Ruhm und Glanz und Gloria.«

Anders schlug das Buch auf, das ihm Fräulein Zwoa aufgenötigt hatte, und hielt es in den schwachen Lichtschein, der durch das vergitterte Fensterchen in das Gefängnis fiel.

»600: Schlacht bei Slorren«, las er. »Die Schwarzen Ameisen völlig in die Flucht geschlagen. 660: Schlacht bei den Pfefferminzwiesen. Die Schwarzen Ameisen eingekesselt und vernichtet. 666: Schlacht bei den Moosbergen. Die Schuppenameisen besiegt und für immer vertrieben.« Anders las und las. Es waren mehr als zwanzig siegreiche Schlachten, und von keiner hatte er jemals etwas gehört. Ihm wurde ganz wirr im Kopf. Wie sollte er das alles behalten und morgen aufsagen?

Da hörte er die alte Spinne schnarchen. Sie war über den vielen Schlachten eingeschlafen.

›Jetzt kannst du fliehen‹, dachte Anders. Er schlich aus dem Keller und irrte weiter durch die dunklen Gänge.

Da sah er plötzlich in der Ferne Tageslicht schimmern. Dort musste ein Ausgang sein. Er rannte darauf los.

›Vielleicht finde ich Federchen‹, dachte er, ›dann kann sie mich mitnehmen und mich entzaubern, und dann kann ich wieder nach Hause.‹

Jetzt stand er an der Öffnung. Er war ganz außer Atem. Er sah hinaus. Es ging auf den Abend zu, aber es war noch ziemlich hell. Eben wollte er ins Freie treten, da brach auf einmal ein fürchterlicher Lärm los. Von allen Seiten kamen rotköpfige Ameisen angerannt und schrien: »Die Schwarzen kommen! Die Schwarzen greifen uns an!«

Von dem Gewimmel wurde Anders wieder in den Eingang zurückgedrängt, und dann wurde die Öffnung mit einem festen Blatt verrammelt.

»Das gibt eine Schlacht!«, riefen die Ameisensoldaten, aber andere meinten: »Das gibt eine Belagerung! Macht euch fertig!«

Anders drückte sich an die Wand. Sein Herz klopfte. Die Menge der Ameisensoldaten um ihn herum wurde dichter und dichter.

Die Belagerung

›Was mache ich denn nur?‹, dachte Anders. ›Was mache ich denn nur?‹ Von den Ameisensoldaten, die sich im Gang gleich hinter dem Blatt aufstellten, wurde er beinahe plattgedrückt.
»Wenn die Schwarzen durchbrechen«, riefen die Krieger, »dann sollen sie sich wundern! Macht die Spitzen fertig!«
Anders war nicht für Kämpfen, und schon gar nicht für einen Kampf mit schwarzen Untieren. Vorsichtig schob er sich an der Wand entlang nach hinten, um aus dem Gedränge zu kommen.
Inzwischen versuchten die Schwarzen Ameisen, das Blatttor zu durchbrechen. An die zwanzig Mann stürmten mit einem Streichholz heran, dessen vorderes Ende zugespitzt war, und stießen damit gegen das Tor. Das gab ein solches Krachen, dass der ganze Tannennadelberg erdröhnte.
Anders hatte sich durch die Krieger geschlängelt. Er wollte tiefer in den Berg und sich irgendwo verstecken. Aber da ergriff ihn jemand am Kragen. »Wo willst du hin?«, rief eine böse Stimme.
»Ich … ich kann leider nicht mitkämpfen«, antwortete er, »ich muss erst meine Schularbeiten für morgen machen!«
»Da fehlt noch etwas!« polterte der Böse.
»Ach, Sie sind es, Herr Podzok«, stammelte Anders, »alle Schlachten muss ich auswendig können und auch noch aufsagen, Herr Podzok!«
»Dann steh erst einmal in dieser Schlacht deinen Mann, Kerl! Oder hast du Angst?«
»Nein, nein, Herr Podzok. Keineswegs«, log Anders.
»Warum versteckst du dich dann hier und bibberst am ganzen Leibe?«

»Ich … ich … ich …«, stotterte Anders.
»Du! Du! Du!«, wetterte Herr Podzok, »du bist ein feiger Nichtsnutz!« Er ließ Anders los. »Du hast keinen Mumm in den Knochen, du hast keine Fühler, du hast nur vier Beine. Dich können wir nicht brauchen. Du bist entlassen. Verkrümele dich!«
Anders machte sich davon. ›Ich kann einfach gar nichts‹, dachte er bekümmert, ›in der Schule weiß ich nichts, und zum Soldaten bin ich auch nicht geeignet. Was soll ich denn nur anfangen?‹

Während die Schwarzen Ameisen immer wieder gegen das Tor anstürmten und das Blatt schon fast durchbrochen hatten, schwebte eine schneeweiße Daunenfeder durch den dunklen Abend dem Erdboden zu und ließ sich auf dem Ameisenberg nieder. Niemand bekam etwas davon mit, und es sah auch niemand, dass wenige Augenblicke später ein winziges Mädchen in einem weißen Röckchen und weißen Pantöffelchen durch einen geheimen Eingang in den Tannennadelberg schlüpfte. Die Kleine lief auf den Zehenspitzen durch die stillen Gänge auf den Lärm zu, der an dem umkämpften Tor tobte, und als sie um eine Ecke kam, da sah sie ein kleines Kerlchen, das den Kopf an die Wand gelegt hatte und schluchzte. Ganz leise schlich sie an ihn heran, legte ihm von hinten die Hände vor die Augen und rief: »Kuckuck!«
»Hilfe!«, schrie Anders erschrocken. Aber dann drehte er sich mit einem Ruck herum. »Federchen!«, rief er. »Kommst du, um mich zu holen? Nimmst du mich mit?«
Er wollte sich an ihr festhalten, aber sie tanzte vor ihm hin und her.
»Erst musst du mir sagen: Wie viel ist dreimal sieben?«
»Es gibt keine sieben mehr«, sagte Anders, »das habe ich hier bei der Lehrerin gelernt.«
»Oh, was bist du für ein Dummbart!«, rief Federchen und schüttelte sich aus vor Lachen. »Dann geh nur wieder zu deiner Lehrerin!«

»Jetzt ist keine Schule mehr«, sagte er, »jetzt ist Krieg, und wir werden belagert. Vielleicht kommt es zu einer neuen Schlacht, die man dann auch noch lernen muss.«
»Das weiß ich besser«, sagte Federchen, »du bist ein Angsthase. Da kenne ich ein Verschen – das will ich dir sagen!« Federchen sang:

>*Es steht geschrieben*
>*dreimal sieben.*
>*Spinnen weben.*
>*Netze kleben.*
>*Siebenmal drei*
>*alles vorbei.*

Anders sah sie mit großen Augen an. Was sie ihm da sagte, begriff er nicht, und wieder lachte sie ihn aus. »Geh nur weiter!«, rief sie. Er drehte sich um und ging den dunklen Gang entlang. Auf einmal fing er an zu laufen, aber er lief nicht zu den Soldaten, sondern zu dem Keller, in dem die blinde Limali in ihrem Käfig saß.
»Ah«, sagte sie mit ihrer heiseren Stimme, »jetzt kommt der kleine Junge von vorhin zurück. Ich höre es.«
Mit ihren weißen Augen starrte sie auf Anders und streckte ihre Beine wie Fangarme durch das Gitter.
»Ach, bitte«, rief Anders, »könnten Sie vielleicht einen langen, langen Faden spinnen? Aber rasch muss es gehen – gleich ist es zu spät!«
»Ich höre, wie sie gegen das Tor hämmern!«, sagte die Spinne, »ich wittere eine große Schlacht. Na, dann greif zu!«
Sie schob einen weißen Faden durch das Gitter, der so dick war wie das Handgelenk des Jungen, und er wollte ihn greifen.
»Nein, nicht mit der Hand!«, rief sie rasch. »Nimm einen Stock, sonst klebst du fest!«

Anders nahm ein Stück von einer Tannennadel, um das er den klebrigen Faden wickelte, und dann ging der Junge Schritt um Schritt weiter und wickelte den Faden wie ein Kabel auf seinen Stock. Er ging nach oben, von wo das Geschrei der Krieger immer lauter erscholl, und dann stand er an der Stelle, wo sein Gang in den Hauptgang mündete, der zum Tor führte.

»Hallo! Ich brauche Hilfe!«, schrie er, denn jetzt musste er mit seinem klebrigen Faden um die Ecke. Aber gerade in diesem Augenblick krachte es ganz entsetzlich am Eingang. Mit dem letzten Stoß gegen das Blatt brach es wie eine gesprengte Mauer zusammen. Die Roten Waldameisen machten kehrt und rannten davon und kamen nun alle an der Kreuzung vorbei, an der Anders stand.

»Helft mir doch!«, schrie er, aber niemand hörte auf ihn, alle rannten einfach weiter.

Da kam ihm ein guter Gedanke. Er überquerte den Gang zum Tor und hielt die Nadel ganz fest – damit hatte er den Gang versperrt.
»Helft mir doch!«, schrie Anders wieder. »Ihr müsst mit festhalten!«
Da kamen die ersten Soldaten der Schwarzen Ameisen heran. »Wir werden dir schon helfen!«, schrien sie – und bums, klebte der erste Soldat am Faden fest.
Bums – wieder einer. Und dann der dritte, und so ging es fort. Es geschah ihnen nichts weiter, nur kam eben keiner von dem Faden los. Sechs, sieben, acht Schwarze hingen schon fest, aber dadurch wurde es für Anders immer schwerer, den Faden zu halten. Da bekam er endlich Hilfe, und es war Herr Podzok, der hier eingriff. Er fasste an der Tannennadel mit an, zog aus Leibeskräften und kommandierte: »Zieht! Zieht!«
Wehrlos klebten die Eindringlinge fest. Der Überfall war missglückt. Die feindlichen Soldaten waren alle am Leben, aber eben

gefangen, und wer nicht an das gefährliche Garn gekommen war, rannte davon. Die Schlacht war von den Roten gewonnen.
»Hm«, machte Herr Podzok, nachdem er Anders noch einmal von Kopf bis zu den Füßen betrachtet hatte. »Unser Nichtsnutz! Hat nur vier kümmerliche Beine. Aber sechs Gehirne, möchte ich wetten.«
»Das glaube ich nicht, Herr Podzok«, sagte Anders.
»Ein Wort zu viel!«, schnaubte Herr Podzok.
»Aber lieber Herr!«, sagte Anders.
»Der ›Herr‹ muss weg. Nur ›Podzok‹. Das genügt.«
»Schön, Podzok«, flüsterte Anders, und er glühte vor Stolz.
»So«, sagte Podzok, »und nun wollen wir einmal sehen, wie viele wir gefangen haben.«
Der klebrige Faden war so lang, dass er durch drei Räume lief, und jeder Raum war voller Schwarzer Ameisen, die nicht loskommen konnten.
»Zählen!«, befahl Podzok den Soldaten. Sie begannen in dem ersten Raum: eins, zwei, drei, vier, fünf, sechs. Eins –
»Aber das sind doch sieben!«, rief Anders.
»Was ist das nun wieder?«, brummte Podzok.
Anders lief in den zweiten Raum und zählte weiter: acht, neun, zehn, elf. Er zählte im ganzen drei Kammern durch. »Einundzwanzig!«, rief er, »sehen Sie nun, dass es eine Sieben gibt? Drei Kammern mit je sieben –«
Plötzlich schwieg er. Podzok und die anderen Waldameisen sahen ihn voller Hochachtung an, und Anders flüsterte in die Stille: »Dreimal sieben ist einundzwanzig.«
Ein feines Stimmchen kicherte: »Endlich richtig!«
Im Türrahmen stand Federchen.

Königin Ziwiria

Die Königin der Waldameisen wohnte in der Mitte des Nadelbergs. Da gab es einen großen Saal, dessen Wände nicht mit braunen Tannennadeln verziert waren, sondern mit grünen. Der Fußboden war mit kugelrunden schneeweißen Kieselsteinen bedeckt. Und wer nicht feierlich langsam darüber schritt, der rutschte aus und lag *bums* auf seinen Knien.

Königin Ziwiria war schrecklich dick. Deshalb lag sie den ganzen Tag auf einem Sofa, das mit den Spinnwebfäden von Frau Limalis verstärkt worden war, sonst wäre es einfach durchgebrochen. Sie trug einen dünnen Schleier, der jeden Morgen an ihren Fühlern festgemacht wurde. Sie war nämlich gegen helles Licht sehr empfindlich. Acht Schleier besaß sie, einen weißen, einen roten, einen gelben, einen lilafarbenen, einen blauen und einen grauen, für jeden Tag der Woche einen, und außerdem einen goldenen für hohe Feste. Und dann noch einen schwarzen für etwaige Trauertage. Von einem Kalender wollte sie nichts wissen, sondern richtete sich nach ihren Schleiern.

»Ach, ist heute Lila-Tag?«, fragte sie ihre beiden Dienerinnen Zela und Bela am Morgen nach der Schlacht, als sie ihr den lilafarbenen Schleier umhängten.

»Jawohl, Majestät«, sagten die beiden ehrerbietig, »heute ist Mittwoch.«

»Ach je«, seufzte die Königin, »da haben die Kinder den Nachmittag schulfrei und lärmen und toben herum. Der entsetzlichste Tag der ganzen Woche.«

»Verzeihung, Majestät«, sagten Zela und Bela vorsichtig, »heute haben die Schulkinder den ganzen Tag frei.«

»Den ganzen Tag?«, rief die Königin empört aus. »Holt Rosenwasser und kühlt mir meinen armen Kopf. Ein ganzer Tag voll Krach und Radau! Und warum denn das?«
»Wir hatten gestern eine große Schlacht, Majestät«, sagte Zela.
»Und natürlich haben wir gesiegt!«, rief Bela. »Über die Schwarzen Ameisen, Majestät. Sie wurden alle gefangen.«
»Und deshalb ist heute ein Feiertag, Majestät«, setzte Zela hinzu.
Königin Ziwiria ließ ihren Kopf in die Kissen zurückfallen.
»Das Rosenwasser, bitte«, sagte sie kläglich, und die Dienerinnen netzten ihr die Stirn. »Muss ich heute den Friedensvertrag unterschreiben?«, fragte die Königin.
»Zweifellos, Majestät.«
»Von den Schlachten bekomme ich immer Kopfschmerzen«, klagte die Königin, »seht euch bitte vor und spritzt mir kein Rosenwasser in die Augen. Und stopft mir Moos in die Ohren. Gleich kommt der Podzok mit seiner Brüllstimme.«
Kaum war das getan, als es an der Tür klopfte. Zwei stramme Soldaten traten ein, bliesen die Trompeten und riefen: »Der General!«
Jetzt erschien Podzok. Mit eleganten Schritten ging er auf das Sofa zu, auf dem die Königin lag, machte eine tiefe Verbeugung und meldete: »Majestät, gestern fand eine Belagerung durch die Schwarzen Ameisen statt. Wir leisteten tapferen Widerstand, aber wir wären sicher überwältigt worden, wenn nicht …«
»Sicher«, sagte die Königin, »aber mein Reich besteht in Ewigkeit. Noch etwas Moos bitte, Zela.«
Podzok schluckte. »… wenn nicht eine geniale Kriegslist durch einen hellen Kopf erdacht und bewundernswert ausgeführt worden wäre.«
»Natürlich, natürlich«, sagte die Königin, »ich befördere Sie zum Obergeneral. Und sorgen Sie dafür, dass die Schlacht in die Schulbücher kommt, damit die Kinder sie auswendig lernen können.«

»Das wird geschehen, Majestät«, antwortete Podzok. »Aber die Kriegslist, die uns rettete, stammt nicht von mir, Majestät, sondern von Anders.«

Die Königin richtete ihren Kopf ein wenig auf. »Von wem?«, fragte sie erstaunt.

»Von Anders«, wiederholte Podzok. »Ein Neuling, sozusagen. Ein Fremder, und noch dazu eine durchaus merkwürdige Person. Ein Schuljunge, ein Nichtsnutz, geradezu ein Dummerjan. Aber ich sage Ihnen, Majestät: Ein Held, ein ganzer Held. Drei Kammern voll Gefangener, Majestät! Die übrigen sind geflohen. Anders, der Sieger, Majestät, hier kommt er!«

Die Königin richtete ihren Kopf noch etwas weiter auf und blickte durch einen Spalt ihres Schleiers zur Tür. Sie sah ein sonderbares Figürchen hereinkommen, das eine Brille auf der Nase trug. Es war noch keine drei Schritte gegangen, da rutschte es auf den glatten Kieselsteinen aus und lag hilflos da. Im nächsten Moment war ein helles Lachen zu hören, und ein kleines Mädchen tanzte herein. In seinen weißen Pantöffelchen tanzte es um Anders herum. Dann drangen von draußen die Ameisensoldaten und die Ameisenjungen aus Fräulein Zwoas Klasse in den Saal, und alle riefen: »Hurra! Hurra!« Anders aber, der einen ganz roten Kopf bekommen hatte, versuchte vergeblich, wieder auf die Beine zu kommen.

Zela und Bela gossen der Königin die ganze Flasche Rosenwasser über den Kopf, denn sie meinten, den Anblick einer solchen Menge jubelnder Leute könnten die Nerven ihrer Majestät nicht ertragen. Aber Ziwiria schob sie beiseite, richtete sich ganz auf, schlug den lila Schleier zurück, und dann geschah etwas, das in sieben Jahren nicht geschehen war: Königin Ziwiria begann zu lachen.

»Endlich einmal etwas ganz anderes!«, rief sie. »Ja, Anders!«, riefen alle. »Hoch Anders!« Mehrere griffen zu, halfen ihm auf und brachten ihn vor das Sofa.

»Ruhe!«, donnerte Podzok. »Absolute Ruhe!« Da wurde es ganz still, und nun berichtete er der Königin haargenau, wie Anders mit dem klebrigen Faden der Spinne Limali die Schwarzen Ameisen gefangen hatte.

»Es sind einundzwanzig«, sagte Anders, »drei Kammern mit je sieben Gefangenen.«

»Was denn? Was denn?«, rief Fräulein Zwoa aufgeregt. »Sieben – das gibt es doch gar nicht!«

»Ruhe!«, donnerte Podzok wieder. Dann ergriff Anders das Wort.

»Sehen Sie mal, Frau Königin«, sagte er, »ich habe der blinden Limali in ihrem Keller versprochen, für ihren Faden sollte sie diesmal etwas ganz Besonderes bekommen. Sie sitzt da unten mutterseelenallein und langweilt sich schrecklich.«

»So, so«, sagte die Königin, »Obergeneral, nehmen Sie vier Mann und bringen Sie die Spinne her!«

Es dauerte eine ganze Weile, bis man Schlurfen und Laufen aus dem Gang hörte, und als Limali nun in den Saal geführt wurde, da war es, als sei ein gewaltiger Riese erschienen.

»Ma ... Ma ... Majestät«, brachte das Untier heraus, »bekomme ich jetzt auch etwas Leckeres?«

»Von heute an jeden Tag!«, bestimmte die Königin, »und Sie brauchen nicht mehr in den Keller und in den Käfig zurück.«

»Ma ... Ma ... Majestät!«, rief Limali gerührt.

»Ich werde Ihnen einen schönen Raum herrichten lassen, da wird man Ihnen vorlesen, so lange Sie es wünschen, und ich ernenne sie hiermit zur Ersten Sekretärin für Kunst und Wissenschaft.«

»Ma ... Ma ... Majestät«, sagte Limali, aber sie schluchzte dabei so, dass sie das lange

Wort kaum herausbrachte. Aus ihren blinden Augen rannen Tränen, und sie bemühte sich, sie aufzulecken.
»Und den Anders ernenne ich zum Untergeneral!«, verkündete die Königin.
»Hurra!«, rief Federchen, sprang der Königin in den Schoß und gab ihr einen Kuss.
»Hurra!«, riefen alle im Saal. »Lang lebe Untergeneral Anders!«
Nun begann ein großes Fest. Zela und Bela nahmen der Königin den lila Schleier ab und legten ihr stattdessen den goldenen um, sodass alles, was sie sah, in Gold glänzte, wie sich das für ein Fest

gehört. Und während die Trompeten bliesen, die Soldaten tanzten und große Platten mit den leckersten Bissen hereingeschleppt wurden, sangen die Schulkinder:

Oh, oh, oh,
was sind wir heut so froh!

Podzok tanzte mit Fräulein Zwoa, und die Königin verlangte nach einer neuen Flasche Rosenwasser.
Dann ging die Tür auf, und die gefangenen Schwarzen Ameisen wurden an dem klebfesten Faden hereingeführt. Da sie in einem feierlichen Schwur versprachen, die Waldameisen nie wieder zu überfallen, schnitt man sie los, und sie konnten alle zu ihren Leuten heimkehren.
Jetzt begann das große Fest noch einmal von vorn. Anders wollte gerade den Rundtanz der Soldaten mitmachen, als ihn jemand am Ärmel zog. Er drehte sich um, und da stand Federchen vor ihm.
»Untergeneral«, rief sie, »sag das Einmaleins mit der Sieben auf!«
»Oh, das kann ich!«, rief Anders übermütig, »einmal sieben ist sieben. Zweimal sieben ist vierzehn. Dreimal sieben ist einundzwanzig. Viermal sieben ist vierunddreißig –«
»Falsch!«, rief Federchen. »Ganz falsch! Jetzt musst du noch weiter lernen!« Dann holte sie tief Atem, wurde größer und immer größer, und rief zuletzt: »Huiii!«
Im selben Augenblick wurde Anders aus dem Festsaal fortgeblasen. Er flog den dunklen Gang entlang und dann durch den Eingang aus dem Ameisenberg hinaus. Er dachte, er würde schrecklich hart auf die Erde fallen, aber da fühlte er plötzlich, dass ihn weiche Daunen trugen, und das war so schön, dass er einschlief und sich gar nicht mehr fragen konnte, was denn nun weiter mit ihm geschehen würde.

Die Hummel

Als Anders wieder aufwachte, lag er auf einem Eichblatt, hoch oben in einem gewaltigen Baum. Da rief jemand: »Hallo«, und als er sich umblickte, sah er Federchen. Sie saß auch auf einem Eichblatt und gar nicht weit von ihm.
»Hier kannst du schön schaukeln!«, rief sie vergnügt, aber dazu hatte Anders wenig Lust. Ängstlich sah er nach unten, in ein Meer von grünen Blättern, die im Wind wogten und schwankten. Das grüne Meer war so tief, dass kein Grund zu sehen war.
»Ich will runter!«, sagte Anders bedrückt. »Warum sind wir überhaupt von den Ameisen weg?«
»Du wolltest doch zu dem Großen Zauberer«, sagte Federchen.
»Ja, schon –«
»Aber du kannst ja das Einmaleins mit der Sieben noch nicht!«, rief Federchen.
»Soll ich das etwa hier oben auf dem Baum lernen?«, fragte er.
Federchen lachte und schaukelte auf ihrem Eichblatt hin und her.
»Das wirst du schon noch sehen!«
Ein Windstoß fuhr über sie hinweg, und beide mussten sich mit aller Kraft festhalten. Dann aber wurde es wieder still.
»Federchen?«, fragte Anders.
»Ja?«
»Kannst du nicht zaubern?«
»Nicht ein bisschen«, sagte sie, »nur fliegen kann ich.«
»Aber wie bin ich denn dann so klein geworden?«
Federchen lachte wieder. »Das hat der Wind getan«, rief sie.
»Du hältst mich zum Narren«, sagte Anders, »du bist kein gewöhnliches Mädchen.«

»Doch!«, rief Federchen, »oder zumindest manchmal!«
»Manchmal, aber nicht immer«, sagte Anders, »und das ist merkwürdig. Hast du eigentlich Vater und Mutter?«
Darauf gab Federchen keine Antwort. Sie schaukelte auch nicht mehr und ließ ihr Köpfchen hängen.
»Na«, sagte Anders, »hast du oder hast du nicht?«
»Ich will dir was sagen«, rief Federchen ärgerlich. »Das geht dich gar nichts an!«
Anders sah durch sein helles Brillenglas scharf auf sie hin. »Ist der Große Zauberer dein Vater?«, fragte er.
Federchen sagte nichts. Sie schüttelte den Kopf und drehte Anders den Rücken zu.
»Du, hör mal«, sagte er, »darf ich dich danach nicht fragen?«
»Nein!«, rief sie aufgebracht. »Darum hast du dich gar nicht zu kümmern. Und was du gesagt hast, das ist überhaupt nicht wahr.« Sie war aufgestanden und fuhr erbost fort. »Ich bin gar nichts Besonderes, und wenn du das denkst, dann … dann … dann …« Sie stampfte mit dem Fuß auf und wollte noch etwas sagen, aber durch die Bewegung glitt sie aus und fiel in die Tiefe.
Anders schrie auf und blickte ihr über den Rand seines Blattes nach. Er sah, dass eine große weiße Feder nach unten wirbelte. Sie wurde kleiner und kleiner, und schließlich war sie zwischen den grünen Blättern ganz verschwunden.
»Federchen!«, rief er voller Schrecken. Natürlich bekam er keine Antwort, und er fühlte sich schrecklich allein. ›Soll ich mich auch nach unten fallen lassen?‹, dachte er. ›Ich bin so leicht wie eine Ameise, da kann mir doch eigentlich nichts passieren.‹ Aber er wagte es doch nicht.
Jetzt kam eine Hummel angeflogen, ein dicker Hummelmann mit gelben Streifen über seinem braunen Rücken. Er flog von einem Blatt zum andern und brummte dabei vor sich hin: »Halt dich ran!

Halt dich ran! Halt dich ran! Immer umsonst. Immer umsonst. Immer umsonst.« Als er Anders erblickte, bog er gleich in seine Richtung ab und musterte ihn von oben bis unten.

»Junge, Junge, Junge«, brummte der Hummelmann, »was bist denn du für einer? So was habe ich noch nie gesehen, und du riechst auch nach gar nichts. Kann man bei dir Honig holen?«

»Nein«, sagte Anders, »wenigstens glaube ich es nicht, mein Herr.«

»Ich heiße Brommel!«, sagte der Hummelmann. »Haben sie dir deine Flügel ausgezogen?«

»Ich habe nie Flügel gehabt, Herr Brommel«, antwortete Anders.

»Und Fühler hast du auch nicht«, stellte der Hummelmann fest, »zeig mal deine Zunge!«

Anders tat es: »Aaaaaaah.«

»Ich seh' schon«, meinte der Hummelmann, »da ist nichts zu holen. Junge, Junge, Junge, was machst du denn eigentlich hier?«

»Das weiß ich auch nicht. Ich möchte so gern hier fort.«

»Und wo willst du hin?«

»Auch das weiß ich nicht«, sagte Anders verlegen.

»Na«, sagte der Hummelmann, »du scheinst ja eine sonderbare Nummer zu sein. Aber vielleicht kann Tine dir helfen.«

»Tine?«

»Aber sicher.«

»Wer ist denn Tine?«

»Die schönste Klatschmohnblüte der ganzen Gegend. Eine herrliche Blume! Vorigen Sommer stand sie am Rand des Kornfelds. Vielleicht steht sie jetzt wieder da. Du bist doch nicht etwa eine Larve, die Blüten zerfrisst?«

»Eine Larve?«, sagte Anders. »Nein, Herr Brommel. Ich bin eigentlich ein Junge, nur eben sehr klein.«

»Wenn du noch ein Junge bist, dann wirst du schon noch wachsen. Wie groß wirst du denn etwa?«

»Das weiß ich nicht«, sagte Anders verdrießlich.
»Du weißt aber auch gar nichts«, brummte der Hummelmann.
»Klettere auf meinen Rücken, dann fliegen wir los zu Tine.«
Anders hockte zwischen den beiden Flügeln des Hummelmannes. Sie machten einen betäubenden Lärm, und die steifen Rückenhaare piekten ihn, als säße er auf einem Reibeisen. Ängstlich umklammerte Anders den Hals des Tieres und wagte nicht hinunterzusehen. Der Hummelmann taumelte nämlich von links nach rechts und auf und nieder wie ein winziges Boot auf den Wellen des Ozeans, und Anders dachte: ›Wenn ich nur nicht spucken muss.‹ Aber so weit kam es zum Glück nicht. Der Hummelmann stoppte, schwebte einen Augenblick still in der Luft und ließ sich dann auf einer großen roten Klatschmohnblüte nieder, die am Rande eines goldgelben Kornfeldes stand.
»Hallo, Tine!«, brummte der Hummelmann.
Anders hörte, wie eine unwillige Stimme antwortete: »Wie bittc?«
»Ich sagte ›Hallo, Tine‹«, wiederholte der Hummelmann etwas lauter.
»Ich kenne Sie nicht«, sagte die Stimme, »außerdem heiße ich nicht Tine. Mein Name ist Elvira Amalia. Sie werden von mir gehört haben.«
»Na, immer schön langsam «, sagte der Hummelmann. »Im vorigen Jahr standen Sie doch auch hier.«
»Vom vorigen Jahr weiß ich nichts«, sagte die Klatschmohnblüte, »ich bin eine Diesjährige, und ich lege keinen Wert auf Besuche von Fremden, die ich nicht kenne.«
»Na, na, na«, brummte ihr unwillkommener Gast, »Ihnen ist wohl was zu Kopf gestiegen. Im vorigen Jahr waren Sie so nett und zugänglich.«
Die Klatschmohnblüte zitterte vor Aufregung. »Erstens liegt mir gar nichts an einer Unterhaltung mit Ihnen, und was Ihre Tine angeht,

so interessiert sie mich überhaupt nicht. Mein Name ist, wie ich schon einmal bemerkte, Elvira Amalia, und ich bin die größte und schönste Klatschmohnblüte weit und breit, da können Sie fragen, wen Sie wollen. Und Sie, mein Herr, können mir gestohlen bleiben. Ich wünsche, dass Sie mich in Ruhe lassen, ein für alle Mal!«

Wenn die Sonne nicht so stark geschienen hätte, dann hätte die Klatschmohnblüte ihre Blütenblätter einfach geschlossen. Aber so konnte sie nichts anderes tun, als vor Zorn zu beben.

»Das kann uns nicht erschüttern«, sagte Herr Brommel zu Anders. »Pass mal auf: Du machst dich dran und zählst einmal ihre Staubgefäße. Ich wette, sie hat keine dreißig, und Tine hatte viel mehr. Und dazu hatte sie einen Honig, prima, sag' ich dir.«

»Unerhört und gemein!«, kreischte die Klatschmohnblüte. Sie konnte nicht noch röter werden, als sie schon war. »Noch nie hat mich jemand angerührt!«

Der Hummelmann kümmerte sich darum nicht. Er streifte Anders von seinem Rücken ab und flog davon, um nach Honig zu suchen. Anders saß zwischen den großen Blütenblättern und begann, die Staubgefäße zu zählen. Eins, zwei, drei, vier, fünf – er reckte sich, als ob er Baumstämme hätte schleppen müssen –, sechs, sieben, acht … Er zählte und zählte und wusste auf einmal nicht mehr, wo er angefangen hatte. Da begann er wieder von vorn. Aber die Staubgefäße standen so wirr durcheinander, dass er sich immer wieder aufs Neue verzählte.

»Junge, Junge, Junge«, sagte der Hummelmann, der wieder herangebrummt war, »so geht das nicht. Du musst sie bündeln!« Er band immer vier mit einem Grashalm zusammen, und das tat Anders denn auch. Zum Schluss blieben noch vier Staubgefäße übrig, und Anders wand den letzten Grashalm um sie.

»Zähl sie mal!«, sagte Herr Brommel.

»Eins, zwei, drei, vier – fünf, sechs, sieben, acht – neun, zehn, elf, zwölf.« Anders passte scharf auf, dass er keinen übersah, und schließlich rief er: »Achtundzwanzig!«

»Na«, sagte der Hummelmann, »dann kann sich diese Schöne vor meiner lieben Tine nicht sehen lassen!« Und der Klatschmohnblüte rief er zu: »Sie geben ja schön an, meine Dame! Noch nicht einmal dreißig Staubfäden haben Sie. Meine liebe Tine war so groß, dass sie noch einmal so viel hatte. Und Ihren Honig, den probieren wir gar nicht erst. Ich sehe schon, der ist nur dünn – wahrscheinlich schmeckt er auch noch wie Gift und Galle. Komm, mein Junge, wir machen uns aus dem Staub!«

Aber Anders hörte und sah nichts. Mit offenem Munde stand er da und murmelte: »Sieben Bündel zu je vier, das heißt vier mal sieben – das sind achtundzwanzig!«

»Was hast du nun vor?«, fragte der Hummelmann, und Anders rief: »Jetzt kann ich es mir merken, hurra!«

Eine Wolke schob sich vor die Sonne. Der Schatten fiel auf die Klatschmohnblüte, und ihre Wut über den Hummelmann und Anders war so groß, dass sie ihre Blütenblätter zuklappte.

»Pass auf!«, rief der Hummelmann, »auf meinen Rücken, aber schnell!«

Doch es war schon zu spät. Noch ehe sich Anders auf seinen Rücken setzen konnte, musste Herr Brommel davonfliegen, um nicht eingeklemmt zu werden, und nun saß das arme Kerlchen ganz allein im Stockdunklen.

Als sich seine Augen daran gewöhnt hatten, sah er, dass sein Gefängnis überall Spalten hatte. Aber von dem Hummelmann war nichts mehr zu sehen. ›Auch gut‹, dachte er und beschloss, durch eine der Spalten hinauszuklettern und dann am Stängel nach unten zu rutschen.

›Nun komme ich wieder in einen Graswald!‹, dachte er. In dem Augenblick ging eine so heftige Bewegung durch den Stängel, dass Anders um ein Haar hinuntergefallen wäre. Der Klatschmohn aber jammerte in höchster Not: »O weh, o weh! Die Raupen! Wer rettet mich vor den schrecklichen Raupen!«

Anders guckte hinunter. Am Fuß des Stängels bewegte sich ein Ungeheuer – eine grüne, glatte, riesengroße Raupe. Sie schob sich an den Stängel heran, und dann kletterte sie langsam nach oben.

Der Rat einer Schnecke

Federchen war aus dem hohen Baum zur Erde gesegelt und fand sich im Gras gut zurecht. Sie hatte es noch gar nicht ganz erreicht, als sie schon wieder wie ein nettes kleines Mädchen in einem weißen Röckchen und ihren weißen Pantöffelchen auf die Spitzen der Grashalme trat.

»Was er gesagt hat«, rief sie, »das war gemein! Und außerdem nicht wahr! Ich will ihn nie wiedersehen. Ganz bestimmt, nie wieder!«

Sie wischte sich ein paar Tränen fort und sah nach oben, wo Anders irgendwo auf einem Eichblatt sitzen musste. »Ich bin ein Mädchen wie alle anderen!«, rief sie hinauf, als könnte er das hören. »Wie alle und jede und nicht so albern und dick und dumm wie du! Und das Einmaleins mit der Sieben lernst du nie, und zu dem Großen Zauberer kommst du nie und nimmer! Und daran ist keiner schuld als du!«

Noch einmal trat sie in ihrem Zorn fest auf einen Grashalm, als eine Stimme hinter ihr sagte: »Aber nicht doch! So etwas tut man nicht.«

Federchen drehte sich um. »Ach, du alte klebrige Schnecke!«, rief sie, »lass mich gefälligst in Ruhe!«

Da sagte die Schnecke noch einmal: »Aber nicht doch!«

»Um mich brauchst du dich gar nicht zu kümmern!«, rief Federchen böse.

»Mit wem zankst du eigentlich?«, fragte die Schnecke.

»Mit niemandem!«, sagte Federchen patzig.

»Nicht mit einem gewissen Jemand da oben im Baum?«, fragte die Schnecke.

»Na, wenn du es denn durchaus wissen willst: mit einem dummen kleinen Jungen, den ich zum letzten Mal gesehen habe!«
»So, so«, sagte die Schnecke, »also mit einem netten kleinen Jungen. Wahrscheinlich auch verzaubert?«
»Das geht dich nichts an.«
»Nein, gewiss nicht. Aber es interessiert mich. Das arme Kerlchen will sicher zum großen Zauberer Miri-Muri, und dabei musst du ihm helfen, oder?«
»Das tue ich nicht mehr!«, rief Federchen und gab einem Grashalm einen Tritt.
»Warum nicht?«
»Darum!«
»Ich glaube, wenn Miri-Muri das erfährt, dann wird ihm das gar nicht gefallen.«
»Das kann mir gleich sein!«, rief Federchen.
»Wirklich? Willst du denn für immer verzaubert bleiben?«
»Ich bin nicht verzaubert!«, rief Federchen. Sie begann zu schluchzen. »Ich werde nur dann und wann in ein Flaumfederchen verwandelt.«
»Ja«, sagte die Schnecke, »das wissen wir ja alle. Aber findest du es denn schön, immer in der Luft herumzufliegen?«
Federchen gab keine Antwort und hielt sich an dem Grashalm fest, als ein Windstoß kam.
»Na, ist das schön?«, fragte die Schnecke.
Federchen schüttelte ihr Köpfchen.
»Ich würde dem Kerlchen doch helfen«, sagte die Schnecke, »vielleicht kommt ihr beide dann zu Miri-Muri, und wer weiß, was er für dich tut.«
Darauf sagte Federchen erst einmal nichts und betrachtete ihre Pantöffelchen, die an den Spitzen ganz grün geworden waren, weil sie das junge Gras damit zerstampft hatte.

Schließlich sagte sie: »Ich kann ihm ja gar nicht helfen, denn vorsagen darf ich ihm nicht.«
»Was darfst du ihm nicht vorsagen?«
»Das Einmaleins mit der Sieben. Das muss er eben selbst lernen.«
»So ist das also«, sagte die Schnecke. »Na, da weiß ich einen Ausweg. Schick mir den Jungen mal. Ich kenne eine gute Schule für ihn.«
»Eine Schule?«, rief Federchen entsetzt.
»Jawohl, eine Schule«, sagte die Schnecke streng, »sorg nur dafür, dass er – wie heißt er?«
»Anders.«
»Also sorg dafür, dass Anders sie besucht.«
Federchen blickte nach oben. »Vielleicht fällt er hier gerade herunter.«
Doch das geschah nicht. »Ich glaube«, sagte Federchen, »ich muss ihn suchen!«
»Der Wind wird dir dabei helfen«, sagte die Schnecke und sah ihr nach, bis ihr weißes Röckchen hinter einem Büschel rotem Klee verschwunden war. »Aber wer weiß«, sagte die Schnecke, »wie lange das noch dauern wird,
bis sie ihn findet!«
Und damit hatte
sie recht.

Die Raupenfalle

Anders saß scheußlich in der Klemme. Von unten kam die glatte grüne Riesenraupe den Stängel heraufgekrochen, indem sie einen Buckel nach dem anderen machte, und oben hielt die Klatschmohndame ihre Blütenblätter dicht geschlossen. ›Die Raupe ist viel stärker als ich‹, dachte Anders, ›ich kann mit ihr nicht fertig werden.‹ In seiner Angst kletterte er wieder hinauf. Das ging ganz gut, weil der Stängel so rauhaarig war.

»Warum tut niemand etwas?«, jammerte die Klatschmohnblüte. »Gleich ist sie da und nagt mich an. Dann bin ich verloren!«

»Kann ich Ihnen helfen?«, fragte Anders. Von der Kletterei war er noch ganz außer Atem.

»Wo ist denn der Hummelmann?«, rief die Klatschrose. »Ha, der hatte gut reden! Aber anstatt das Ungeheuer totzustechen, flog er feige auf und davon!«

»Sie wollten ja nichts von ihm wissen«, sagte Anders, »daran sind Sie nun selbst schuld.«

»Ach je, ach je«, klagte die Klatschrose, »jeder lässt mich im Stich. Ich bin doch eine Schönheit! Da sehen alle mit zu, wie mich die Raupen zerfressen, bis nichts mehr von mir übrig bleibt. Warum tut denn keiner etwas für mich?«

Darauf antwortete Anders nicht. Er spähte nach unten und sah, dass das Ungeheuer schon die Hälfte des Stängels hinter sich hatte. Unten wimmelte es inzwischen von Raupen; ein ganzes Heer zog da heran. ›Hier kommst du nicht lebendig heraus‹, dachte er, ›du hast ja keine Waffe, nicht einmal einen Stock.‹

Inzwischen war die Sonne wieder zwischen den Wolken hervorgekommen, und die Klatschmohndame musste ihre Blütenblätter

öffnen, ob sie wollte oder nicht. Anders versteckte sich in den Staubgefäßen, obwohl er wusste, dass ihm das gar nicht helfen konnte.
›Wenn der Hummelmann wenigstens zurückkäme‹, dachte er und schaute suchend in den blauen Himmel, ob Herr Brommel da nicht irgendwo herumbrummte. Aber seine Brille war wieder beschlagen, und er machte sich eifrig daran, sie zu putzen. Während er damit beschäftigt war, konnte er schon das saugende Schmatzen der Raupenfüßchen hören. Auf einmal blitzte ein blendender Lichtstrahl in seine Augen. Es war das Licht der Sonne, das sich hell leuchtend in dem Glas spiegelte, da er die Brille hin und her bewegte.
›Warte!‹, dachte Anders, ›warte du nur noch ein bisschen!‹
Er kroch zwischen den Staubgefäßen hervor, bog sich zwischen den Blütenblättern nach unten und richtete seine Brille so, dass ein starker Lichtschein auf den dicken Raupenkopf fiel.
Sogleich begann das Untier zu taumeln. Nur noch mit den letzten Füßchen konnte es sich am Stängel festhalten. Deshalb richtete Anders nun den Lichtstrahl genau auf sie, und noch ehe er bis drei gezählt hatte, brüllte der glatte grüne Riese »Au!« und ließ sich, bums, in die Tiefe fallen.
»O weh, o weh«, hörte Anders die Mohnblüte jammern, »jetzt kommt das schreckliche Ende!« Aber der kleine Kerl hatte keine Zeit, darauf zu hören, denn schon kam die zweite Raupe mit weit vorgestrecktem Kopf nach oben, und Anders musste Acht geben, dass er seine Hand ganz still hielt, denn der Lichtstrahl, der ja heiß war, sollte genau das offene Maul der Raupe treffen.
»Grrrrr«, machte die Raupe und fiel kopfüber, kopfunter hinunter ins Gras. Der dritten Raupe erging es nicht besser, und da brach unter dem Gewürm große Verwirrung aus.
»Weg! Weg!«, brüllten die Untiere, »weg von dem Stängel! Die Blume ist verhext, in der sitzt ein Feuerstrahl! Nichts wie kehrt und weg!«

Eine wimmelnde Masse sich windender Raupenleiber kroch von dem Stängel der Klatschmohnblüte fort, in der Anders sich seine Brille wieder aufsetzte und sagte: »Gnädige Frau, Sie können unbesorgt sein. Die Biester sind fort!«
»So?«, rief sie scharf. »Und was tust du dann noch hier?«
»Ich?«, fragte Anders. »Ich habe sie in die Flucht geschlagen.«
»Dann hast du hier ja nichts mehr verloren. Herumtreiber kann ich nicht leiden. Verschwinde!«
Anders dachte an Herrn Brommel, der die Klatschmohnblüte ausgelacht hatte, weil sie nicht mehr als achtundzwanzig Staubgefäße hatte – viermal sieben –, aber er verzichtete darauf, ihr eins auf den Hut zu geben. »Schön«, sagte er, und weiter nichts.
»Und du springst einfach hinunter, sonst machst du mir zu viele Stapfen an meinem Stängel!«, befahl die Klatschrose – aber das war dem erbitterten Anders denn doch zu viel. Rot vor Zorn rief er: »Springen soll ich? Ja, das tue ich, und dann jage ich alle Raupen wieder auf Sie los. Das ist nämlich kinderleicht, junge Frau. So wie ich die lieben Tiere weggejagt habe, so kann ich sie auch wieder zurückschicken! Warten Sie mal einen Augenblick, Madame. Ich weiß jetzt, wie viel viermal sieben ist, und ich werde mit meiner Brille fünfmal sieben Raupen auf Sie hetzen – lauter große, gefährliche Raupenräuber!«
In seiner Empörung über ihre Undankbarkeit wurde er richtig mutig. Er sprang einfach hinunter ins Gras, und als er gut angekommen war, rannte er in die Richtung, in der die Raupen abgezogen waren.
Die Klatschmohndame war zu stolz, ihm etwas Freundliches zu sagen. Aber sie zitterte vor dem, was nun geschehen würde.
Anders war losmarschiert. Er lernte, wie er sich zwischen Halmen und Wurzeln am besten durchschlängeln konnte, und es dauerte nicht lang, da sah er die letzten Nachzügler vor sich.

»Heda!«, rief er schneidig. »Bleibt stehen! Stehenbleiben, sag' ich!«
Er nahm seine Brille wieder ab und hielt sie so in die Sonne, dass der Brennpunkt den Rücken einer Raupe erreichte. Das war aber gerade die dritte Raupe, die vom Stängel herabgefallen war, und als sie den Stich fühlte, blieb sie sofort stehen.
Das machte Anders noch mutiger. Er rannte an dem Untier vorbei und schrie die beiden nächsten an: »Halt! Stopp! Wartet! Tut, was ich euch befehle!«
Er schwang seine Brille, ließ das Sonnenlicht über die Tiere hinfahren, und in ihrem Schrecken blieben die Raupen still liegen. Jetzt stand er mitten in dem Trupp, wie ein kleines Männchen zwischen riesigen Walfischen, und er befahl ihnen, auf der Stelle umzukehren und den Klatschmohn anzufallen.
»Vorwärts!«, kommandierte er, »und tut, was ich euch sage!« Aber gerade in dem Augenblick schob sich eine große Wolke vor die Sonne. Die Brille wurde machtlos – sie entsandte keine Feuerstrahlen mehr. Anders bekam einen großen Schrecken. »Ich meine«, rief er, »wenn ihr nicht wollt, dann braucht ihr natürlich nicht ... ich meine, wenn ihr lieber geradeaus laufen möchtet, dann tut das!«
Die Raupen erkannten, dass seine Zauberkraft geschwunden war und dass er Angst vor ihnen hatte. Sie schlossen einen Kreis um ihn.
»Entschuldigen Sie«, sagte er, »vielleicht lassen Sie mich hier mal eben durch!«
»Haltet ihn fest!«, schrie die Oberraupe, und sofort schrien alle: »Fasst ihn!«
Augenblicklich war Anders gefangen. Zwei Kinnladen schlossen sich als Fesseln um seine Füße und zwei andere um seine Handgelenke. Vier Raupen schleppten ihn fort, und sie liefen so ungleich, dass er hin und her geschüttelt wurde.
Wo brachten sie ihn hin? Er wusste es nicht. Aber ihm war so Angst, dass er darüber gar nicht nachdenken konnte.

An einem dünnen Faden

Anders hatte das Gefühl, stundenlang von den Raupen geschleppt zu werden und noch dazu auf die allerunglücklichste Weise, denn er hing an Armen und Beinen. Wie oft er auch fragte, wohin sie ihn brächten, wie oft er sie auch bat, sie möchten ihn doch zu Fuß gehen lassen – immer antworteten sie »Ss, ss« und »Zllk, zllk« und schlossen ihre klebrigen Kinnladen nur noch fester um Arme und Beine.
Er war nahe dran loszuheulen, als sie schließlich am Fuß eines Eichbaums anhielten, der sich wie eine bröckelnde Felswand in eine schwindelerregende Höhe erhob.
»Zllk, zllk«, sagten die Raupen, »nun kannst du laufen. Bis ganz nach oben!«
»Wohin?«, fragte Anders. Sie hatten ihn abgesetzt, und er lag im Gras.
»Nach oben sollst du laufen!«, wiederholten die grünen Kriecher. »Das ist ein Befehl. Vorwärts!«
Anders sah sich den Baum an. »Da kann ich doch nicht hinauflaufen!«, sagte er.
»Erst wolltest du laufen, und jetzt willst du wieder nicht«, riefen die Raupen böse, »aber warte nur!«
Sie stießen den ameisenkleinen Jungen gegen die raue und rissige Borke. Er versuchte zu klettern, aber er kam nicht weit. Die Rinde hatte Stellen, an denen sie glatt war wie ein Fels, und selbst geübte Bergsteiger wären da gescheitert. Als Anders sich einen vorsichtigen Schritt weiter wagte, glitt er wieder zurück und fiel genau auf eine Raupe.
»Simpel!«, hörte er rufen. »Schaut euch den Simpel an!« Wieder fühlte er Kinnladen um seine Knöchel. Die Raupen betrachteten

seine Schuhe und redeten miteinander: »Nun seht euch das an! Diese Füße – keine Saugnäpfe dran! Der Kerl kann nur aufrecht laufen. Das muss man gesehen haben, sonst glaubt man nicht, dass es so etwas gibt!«
»Er wird trotzdem verpuppt!«, rief eine Raupe.
»Ja! Ja! Gleich hier!«, entgegneten andere.
»Nein«, rief die erste Raupe wieder, »erst oben!«
»Ja! Zieht ihn an Fäden hoch!« Das schrien alle.
Einige krochen den Stamm hinauf, was ihnen keinerlei Schwierigkeiten machte, denn sie hatten ja Saugnäpfe an ihren Pfötchen. Ängstlich sah Anders ihnen zu. ›Was haben sie mit dir vor?‹, dachte er. ›Wenn nur die Sonne schiene, dann würde ich es ihnen zeigen!‹ Aber die Sonne blieb hinter dicken Wolken.
Inzwischen hatten die Kletterer weiter oben Posten aufgestellt und ließen von da seidene Stricke hinunter. Während ihr Opfer mit einem Kinnladengriff gehalten wurde, wickelten zwei andere die dünnen Stricke als Schlingen um seine Achseln.
»Mehr!«, riefen sie dabei. »Zllk, mehr!«
Nun kamen die Seidenfäden in ganzen Knäueln von oben herunter, und nach und nach wurde Anders mit ihnen ganz umwickelt. Als das geschehen war, riefen die Seilbinder: »Zieht ihn hoch!«
Die Stricke spannten sich, und Anders schlenkerte wie ein hilfloses Ferkelchen durch die Luft. In kurzen Rucken ging es nach oben, und der Erdboden versank so tief unter ihm, dass Anders in seiner Angst die Augen schloss.
Einige Raupen waren noch höher geklettert als die ersten, und sie ließen neue Seile hinunter. So wurde Anders von einem Rastplatz zum nächsten gehievt und kam dabei immer höher und höher. Die Felswand eines Berges in den Hochalpen war nichts gegen diesen steilen und schrecklich tiefen Abgrund, über dem er schwebte.

›Wenn ich nur nicht falle‹, dachte Anders, ›wenn ich nur nicht falle mit meinen festgebundenen Armen!‹ Er betrachtete die Seile, an denen er baumelte. Sie waren dünner als ein Haar, aber es waren sehr viele. Er fing an, sie zu zählen, um sich etwas sicherer zu fühlen. Eins, zwei, drei, vier zählte er und noch weiter, bis er auf fünfunddreißig kam. Zur Sicherheit zählte er sie dreimal nach; es blieben immer fünfunddreißig. Sie glänzten in der Sonne. Die war nämlich wieder hervorgekommen, aber da seine Arme festgeschnürt waren, konnte er nicht nach seiner Brille fassen.

Nach fünf Rastplätzen schien das Ziel dieser Fahrstuhlfahrt endlich erreicht zu sein. Durch ein großes Loch in der Rinde wurde Anders in das Innere des Baums gezogen und in einer Höhlung niedergelegt. Die Raupen fingen an, die Seile abzuwickeln, aber eine rief: »Lasst sie nur dran! Wir brauchen sie gleich wieder.«

Sie hoben Anders hoch und schleppten ihn in einen halbdunklen Raum. Hier roch es nach faulendem Holz. Während Anders aufrecht hingestellt wurde, versuchte er sich umzusehen. Aber er konnte nichts erkennen.

Die Raupen zurrten jetzt an den Seilen, mit denen seine Füße gefesselt waren. ›Endlich‹, dachte er, denn er glaubte, sie wollten ihn losbinden. Aber da täuschte er sich. Zu seinem Schrecken fühlte er Seile um seine Waden, um seine Knie, um seine Schenkel, und da sich seine Augen an die Dunkelheit gewöhnt hatten, sah er, dass vier Raupen immer im Kreis um ihn herumliefen und ihn mit den seidenen Fäden einspannen. Schon war von seinen Knien nichts mehr zu sehen, und nun kam sein Bauch an die Reihe.

»Hört auf!«, schrie er. »Tut doch so etwas nicht! Lasst mich los!« Er wollte mit den Füßen strampeln, aber er konnte sich überhaupt nicht mehr rühren.

»Schluss!«, schrie er noch lauter. »Macht mich los!«

»Smmm!«, sagten die Raupen. »Zllk!«

»Ich will das nicht! Warum tut ihr das denn?«
»Du musst dich doch verpuppen«, sagte die eine, und die andere: »Eine schöne Puppe wirst du werden!«
»Das will ich nicht!«
»Du musst«, sagte die dritte Raupe, »jeder verpuppt sich. Und wenn er's nicht tut, dann besorgen wir das.«
»Nein!«, schrie Anders. »Ich will es nicht! Ich bin keine Raupe. Ich bin ein Mensch. Ich bin ein kleiner Junge!«
»Das ist es ja gerade«, meinte die vierte Raupe und spann ihm sein Bäuchlein ein, »du bist ein ganz Gefährlicher mit deinem Zauberfeuer. Wir spinnen dich ein, und damit ersticken wir das Feuer. Wenn du dann wieder herauskommst, bist du schön und lieb.«
»Ich will nicht herauskommen!«, schrie er. »Ihr sollt mich losmachen!«
»Was für ein Unsinn!«, riefen die Raupen. »Du kommst doch ganz von selbst heraus!«
»Von selbst?«, rief Anders. »Wie denn? Und wann denn?«
Die feste Umhüllung ging ihm nun schon bis an die Schultern; nur seinen Kopf konnte er noch bewegen.
»Das wirst du schon merken«, sagten die Raupen, aber eine bezweifelte das: »Es ist noch die Frage, ob er das merkt. Niemand weiß, was man fühlt, wenn man aus der Verpuppung herauskommt. Man weiß auch nicht, was man früher war. Ob du überhaupt das bist, was du bist, ist ungewiss.«
»Hört auf!«, rief Anders heiser. Die seidenen Fäden kamen ihm so nahe an den Mund, dass er fürchtete, er würde ersticken. Aber die Raupen spannen immer weiter, immer rund um ihn herum, in endlosen Kreisen.
Mittlerweile war es später Nachmittag geworden, die Sonne sank dem Horizont zu, aber kurz vor ihrem Untergang fiel ihr letzter Strahl zwischen zwei Wolken gerade in die Höhlung des al-

ten Eichbaums. Ein Widerschein blitzte in der Brille des kleinen Anders auf und fuhr über die Raupen hin.

»Das Hexenfeuer!«, schrien sie entsetzt. »Da ist es wieder! Kommt, schnell weg!«

Sie waren ganz durcheinander. Sie ließen die Fäden los und flüchteten Hals über Kopf. Im Nu waren sie aus der Höhlung fort und krochen am Stamm hinab zur Erde.

Als wehrloser Gefangener stand Anders da, in einer unzerreißbaren Zwangsjacke, in der er kein Glied rühren konnte. Die Raupen hatten eine Puppe aus ihm gemacht. Er steckte in einem festen Gehäuse, aus dem ein Schmetterling kommen sollte, wenn es so weit war. Zum Glück waren sie nicht ganz fertig geworden, Mund und Nase waren noch nicht eingesponnen, und so konnte er atmen und musste nicht ersticken.

Ein Schmetterling hätte aus ihm ja sowieso niemals werden können.

Ein Windstoß

Federchen lief weiter durch das Gras. Sie steckte ihr Näschen in einen weißen Klee, um daran zu riechen, aber die Blüte war halbverdorrt und duftete nicht mehr. Sie beugte sich zu einer Krauseminze und zu einer Butterblume, sodass ihr weißes Röckchen ganz gelb überstäubt wurde – aber an nichts hatte sie Spaß.
»Ich tue es auf keinen Fall!«, sagte sie laut zu sich selbst. »Soll er doch sehen, wie er zurechtkommt.«
Sie lief wieder weiter und riss ein Blatt Sauerampfer so heftig ab, dass die kleinen roten Blüten ins Gras fielen. »Ich kann alles tun, was ich will!«, rief sie und tänzelte herum und benahm sich recht albern. Sie kam an einen Maulwurfshaufen. Der musste natürlich bestiegen werden, als sei er ein ganz hoher Berg, und als sie dann oben stand, sang sie:

> *Ri-ra-ree, ri-ra-rum,*
> *der Anders ist so dumm.*
> *Ri-ra-rum, ri-ra-ree,*
> *schön, dass ich ihn nicht mehr seh'!*
> *Nie! Nie! Nie!*

Kaum war sie mit ihrem bösen Liedchen zu Ende, als ein schrecklicher Windstoß sie forttrieb. Sie wirbelte durch die Luft, hoch über Gras und Blumen, und sie wurde hin und her gerissen, wie sie es noch niemals erlebt hatte.
»Hör auf!«, rief sie mit halb erstickter Stimme. Aber es schien, als griffe der Wind ihr jetzt erst recht wild ins Haar und schüttelte sie wie ein wütender wilder Mann. Einen Augenblick später wurde

sie auf dichte Tannenzweige geschleudert, und da lag sie nun auf ihrem Rücken. Aber der Wind flaute ab und säuselte nur noch in ihr Ohr.
»Federchen!«, flüsterte eine Stimme.
»Nein!«, rief Federchen.
»Federchen!«
»Nein! Nein!«, schrie sie.
»Willst du ein Federchen bleiben?«
»Nein!«
»Federchen!«
»Nein!«

»Dann musst du Anders helfen!«
»Nein!«
»Er wird dir auch helfen!«
»Nein!«
Jetzt blieb es ganz still. Dann hörte Federchen sagen: »Anders ist in Gefahr. Wenn du ihn nicht rettest, dann muss er sterben.«
Der Wind hatte sich völlig gelegt. Federchen rührte sich nicht, obwohl die Tannennadeln sie stachen. Sie schwieg lange und dann sagte sie: »Ich hab's mir überlegt. Aber an Anders liegt mir nichts mehr. Warum hat er mich so neugierig ausgefragt? Das ging ihn doch gar nichts an. Und wenn er mir noch einmal damit kommt, dann ist alles aus, das sag' ich dir!«
Es blieb totenstill.
»Dann bring mich doch gefälligst zu ihm!«, sagte sie.
»Du musst ihn suchen«, antwortete die Stimme, und ein leichter Wind kam auf und hob das weiße Püppchen hoch und wehte es aus dem Tannendickicht zu einer blumenbunten Wiese. Da sank eine Feder den Blüten zu und fiel auf einen Löwenzahn – vielmehr auf eine Hummel, die oben auf der Blüte saß.
»He da, pass doch auf!«
»Ich bin es«, sagte Federchen, »schönen guten Tag, Herr Brommel.«
»Wo kommst du denn auf einmal her?«, erkundigte sich der Hummelmann.
»Ich bin auf der Suche nach Anders«, sagte Federchen, »das ist ein kleiner Junge mit einer Brille auf der Nase.«
»So ein Zufall«, sagte Herr Brommel, »den habe ich gesehen.«

Die Gespinste

Während der ganzen stockdunklen Nacht stand Anders kerzengerade, fest eingeschnürt in das straff gespannte Raupengespinst. Draußen regnete es heftig, und er war im Trocknen – aber das war auch das einzig Gute an der Sache. Alles andere war schauderhaft. Nur seinen Kopf konnte er ein bisschen drehen, doch hatte er nicht viel davon. Er hörte ein Rascheln an der morschen Rinde. Aber er konnte nicht sehen, was da war.
›Hier komme ich nie wieder heraus!‹, quälte er sich in seinen Gedanken. Er dachte an Vater und Mutter, an den Frisier-Salon, an die Bauern mit ihren braunen Hälsen und an die Seifenschaumklecksen. Er dachte auch an seine Schule und an die Erdkundestunde, in der er nichts gewusst hatte.
›Und jetzt stehst du hier‹, sagte er zu sich selbst, ›du kannst dich überhaupt nicht mehr rühren. Du kannst nicht einmal mehr über deine eigenen Füße stolpern. Es ist aus mit mir. Ich habe mir immer solche Mühe gegeben – warum geht bei mir nur immer alles schief?‹
Nun dachte er an Federchen. Auf einmal war sie so böse geworden, und dann war sie von dem Eichbaum gefallen. »Hier wird sie mich niemals finden«, klagte er vor sich hin, »sie wird mich gar nicht suchen. Sie war mir ja böse.«
Er sah sie vor sich, wie sie ganz groß wurde, so groß wie eine Wolke, die sich vor die Sonne schob, und dann konnte Anders seine Brille nicht wiederfinden. Über seinen Gedanken war er nämlich eingeschlafen, und im Traum suchte er seine Brille – im Gras, unter Bäumen, im dürren Laub und zum Schluss auch noch unter einer Bank in Fräulein Zwoas Klasse, und sie rief böse: »Anders, halte

deine Fühler gefälligst gerade!« Dann fiel er von der Bank, fiel ganz tief, fiel und fiel und fiel, das Fallen nahm kein Ende. Aber plötzlich fühlte er überall an seinem Körper Fäden: sieben um seine linke Achsel, sieben um seine rechte, sieben um seinen rechten Fuß, sieben um seinen linken, und sieben mitten um seinen Bauch. Eine Stimme sagte streng: »Das sind fünfmal sieben!«
Er wachte auf. »Fünfunddreißig«, murmelte er, »fünfmal sieben ist fünfunddreißig!«
Er stieß einen Schrei aus. »Ich weiß, wer mich retten kann! Der Große Zauberer! Wenn ich das Einmaleins mit der Sieben ohne Fehler aufsage, dann kommt er, und dann ist mein Retter da!«
Während es draußen schon etwas heller wurde, sagte Anders leise auf: »Einmal sieben ist sieben. Zweimal sieben (das war noch einfach) ist vierzehn. Dreimal sieben (das waren die drei Kammern voll gefangener schwarzer Ameisen) einundzwanzig. Viermal sieben (vier zusammengebundene Staubgefäße der Klatschrose) achtundzwanzig. Fünfmal sieben (fünf Bündel seidene Fäden der Raupen) fünfunddreißig. Und jetzt noch sechsmal sieben!«
Anders versuchte, das an seinen Fingern abzuzählen, aber das ging nicht, denn er konnte sie ja nicht bewegen. Er schaute sich um, ob er nicht etwas sähe, womit er rechnen könnte. In der Baumhöhlung war es nämlich inzwischen so hell geworden, dass er jetzt alles ganz gut erkennen konnte.
Aber was er da sah, das ließ ihn das Einmaleins mit der Sieben vergessen. An den Wänden hingen überall fest verschnürte Gespinste. Sie glichen dem, in welchem er festsaß, und auch wieder nicht, da sie alle oben verschlossen waren. Er betrachtete die Gebilde mit aufgerissenen Augen. Er wollte seine Brille putzen, aber er bekam seine Hände nicht los.
›Wer mag da nur drinsitzen?‹, dachte er ängstlich. Es war ihm, als ob sich das eine oder andere hin und wieder bewegte, vielleicht

täuschte er sich aber auch. Und doch – raschelte es nicht da und dort ein bisschen? Klang das nicht, als seufze jemand ganz leise? Nein, nein. Die Beutel hingen völlig unbeweglich da. Waren es etwa tote Tiere? Wenn er sie anstieß, würden sie ihm doch wohl nichts tun? Er hatte jedoch das gruselige Gefühl, dass in den Gespinsten etwas säße, das ihn belauerte, und wieder kam es ihm so vor, als hörte er ein schwaches Rascheln.

»Sechsmal sieben ist ... sechsmal sieben ist ...«, sagte Anders auf, um seine Furcht zu betäuben, und er machte sich daran, die Gespinste laut zu zählen. Aber das half ihm mit dem Einmaleins nicht weiter, denn es waren nicht mehr als dreizehn.

Plötzlich hielt er den Atem an. Er wurde blass, denn gerade das Dreizehnte begann ganz deutlich, sich zu bewegen. Es schaukelte hin und her.

»Das ist Zauberei!«, flüsterte er zitternd, »Federchen hilf mir! Federchen!« Das rief er nach draußen – aber wie hätte sie ihn hören können?

Er bekam auch keine Antwort, aber ein leises Knistern war jetzt zu hören. Anders sah, wie das dreizehnte Gespinst unten aufbrach, und die Öffnung wurde größer. Ein scheußlicher Fuß streckte sich aus der Umhüllung, dann noch einer, und dann zeigte sich etwas wie eine spitze Stange.

Dem kleinen Kerl lief der Angstschweiß über die Stirn, während er all das machtlos mit ansah. Er versuchte, sich zu bewegen, aber es gelang ihm nicht, seine Fesseln zu zerreißen.

Eine zweite Stange kam zum Vorschein und darunter ein entsetzlich großes schwarzes Auge.

›Ein Ungeheuer!‹, schoss es durch seinen Kopf, und er machte schnell seine Augen zu.

Juliana

Als Anders seine Augen wieder öffnete, sah er, dass da ein dickes, klebriges Tier mit haarigen Füßen und zwei langen Fühlern herumkroch. Trotz seiner großen schwarzen Augen schien es nichts zu sehen. Es taumelte hilflos herum. Auf dem Rücken trug es etwas Schwarzes, das Anders erst für ein unordentliches Bündel von Zweigen hielt, bis er meinte, es gliche eigentlich mehr verhedderten Schnüren und Seilen eines umgewehten Zeltes.
Langsam schob sich das Tier weiter, und schon berührte es mit seinen Fühlern die Füße des Jungen. Mit einem Male hielt es sich an seinem Gespinst fest und kletterte daran hoch.
»Nein! Nein!«, schrie er mit fast erstickter Stimme. »Weg! Nicht weiter! Hilfe!«
Aber das Tier schien taub zu sein und kroch weiter, bis seine Fühler die Backen des bedrängten Jungen abtasteten und die Augen des Untiers ihn anstarrten. Er sah, wie aus dem Maul des Ungeheuers etwas herauskam. Das glich einer aufgerollten Schlange. Sie rollte ab und umschlängelte das Haar des Jungen, seine Ohren und seinen Hals.
›Gleich wird es mich beißen!‹, dachte Anders voller Entsetzen. Das geschah jedoch nicht. Die Schlange wurde wieder eingerollt, und an der Wand der Höhlung kroch das Ungeheuer höher, bis es die höchste Höhe erreicht hatte. Da blieb es sitzen, mit dem Rücken nach unten.
»Oooooh«, seufzte das Tier plötzlich, und noch einmal: »Oooooh«, als ob es Schmerzen empfände, und Anders sah, dass sich das bewegte, was er für ein zerknautschtes Zelt gehalten hatte. Ein großes Stück kippte um und dann ein zweites. Das geschah ruckweise,

und dabei ging ein Beben durch das Tier. Noch einmal stöhnte es auf. Das hörte sich an, als ob es angestrengt drücken müsse. Mit offenem Munde sah Anders zu, wie sich zwei immer größer werdende Segel zeigten. Eigentlich glichen sie Lappen oder großen bunten Decken, die das Tier ausbreitete, um sie zu trocknen.
Anders vergaß seine Angst, denn was sich da entfaltete, sah wunderschön aus. Ruckweise, aber langsam, unter Seufzen und Stöhnen klappten die Lappen auf, wurden größer und größer, bunter und immer klarer in den Farben, und Anders schrie auf: »Ein Schmetterling!«
»Wer ist da?«, rief das Tier erschrocken.
»Ich! Aber ich meinte nur, Sie sind ein Schmetterling geworden!«, rief Anders. »Ein sehr schöner Schmetterling sind Sie, das sehe ich jetzt!«
»Ach, was sagen Sie da!«, rief das Tier. Es seufzte von Neuem wie unter Schmerzen. »Oder sind Sie vielleicht ein Arzt?«
»Ich? Ein Doktor?«, sagte Anders. »Nein.«
»Was machen Sie denn hier? Gehen Sie doch gefälligst weg!«
»Ich kann ja nicht fort«, sagte er kläglich, »ich sitze fest.«
»Sind Ihre Flügel etwa beschädigt?«
»Nein«, sagte Anders, »ich hab' überhaupt keine.«
»Auooh!« Das war ein schneidender Schrei des Tieres, aber auch sein letzter Schmerzenslaut. Seine Flügel lagen jetzt ganz offen. Sie glichen den Segeln eines alten Schiffs, aber in frohen, frischen Farben. Sie schlugen hin und her, und es war ein gewisser Zugwind zu spüren.
»Sind Sie jetzt fertig?«, erkundigte sich Anders, der kein Auge von dem werdenden Schmetterling ließ.
»Oh nein. Ich muss erst noch trocknen.«
»Waren Sie auch einmal eine große grüne Raupe?«, fragte Anders.
»Was meinen Sie damit? Was sind Raupen?«

»Früher waren Sie doch eine Raupe, und dann haben Sie sich eingesponnen.«
»Das ist mir ganz neu«, antwortete der Schmetterling, »was soll das überhaupt heißen, ›früher‹? Es gibt kein ›früher‹.«
»Aber … aber …«, stotterte Anders.
»Waren Sie denn früher etwas anderes?«, erkundigte sich der Schmetterling.
»Ich war ein Junge.«
»Und was sind Sie jetzt?«
»Immer noch ein Junge, nur kleiner.«
»Na schön, aber was waren Sie denn noch weiter vorher?«

»Noch vorher? Noch ehe ich ein kleiner Junge war?« Anders dachte nach. »Da gab es mich noch nicht.«
»Richtig!«, rief der Schmetterling. »Genauso war es auch bei mir. Früher gab es mich noch nicht.«
Anders schwieg und überlegte. Dann sagte er: »Doch, Sie waren schon da. Ich weiß, wie es mit den Schmetterlingen ist. Das habe ich gesehen. Erst sind sie eine Raupe, dann werden sie eine Puppe in einem Gespinst, und dann kommen sie als Schmetterling heraus, genau, wie es Ihnen passiert ist. Mit mir wollten die Raupen es ebenso machen. Die andern Raupen meine ich, die haben mich eingesponnen. Aber ich kann kein Schmetterling werden, denn ich bin keine Raupe, sondern ein Mensch.«
»Oh«, rief der Schmetterling interessiert, »nun ist mir das klar. Sie sind doch ein Doktor. Sie wissen alles, das merke ich. Sie haben studiert. Sie sind klug, ein richtiger Gelehrter. Das sieht man ja schon an Ihrer Brille.«
Anders staunte. Er fand keine Worte. Noch nie hatte jemand von ihm gesagt, er sei klug.
»Wollen Sie mir nicht einen schönen Namen geben?«, fragte der Schmetterling. »Es muss aber etwas Besonderes sein.«
»Haben Sie denn keinen Namen?«
»Nein«, sagte der Schmetterling grübelnd, »oder …« Das Tier sah sich um und erblickte nun erst die Gespinste. »Wer ist denn das?«
»Das sind …«, sagte Anders, »… also, das *werden* auch noch Schmetterlinge.«
»Oh«, sagte der Schmetterling, und konnte seinen Blick nicht von den Gebilden abwenden. Kam ihm doch eine schwache Erinnerung an das, was er vordem gewesen war? Ein Schauder ging ihm durch Leib und Flügel, und er sagte: »Ich muss fort. Ich muss sofort fort. Ich muss fliegen. Ich muss mir eine Blume suchen. Ich muss … bitte, geben Sie mir noch rasch einen Namen, einen ganz neuen Namen.«

Einen ganz neuen Namen ... Anders dachte nach. »Dann muss ich erst noch etwas wissen. Ich meine – sind Sie ein Herr oder eine Dame?«
»Was ist das für eine Frage!«, rief der Schmetterling. »Wo Sie doch Doktor sind! Aber sehr taktvoll, überaus taktvoll. Ich glaube, ich bin eine Dame.«
»Aha«, sagte Anders, »wie gefällt Ihnen der Name Juliana?«
»Juliana?«, rief der Schmetterling, »das ist ein prächtiger Name! Ich danke Ihnen vielmals, Herr Doktor!«
Juliana kroch die Wand hinab, aber vorsichtig, um ihre neuen Flügel nicht zu beschädigen, und blieb dann vor Anders stehen. Jetzt schien sie ihm kein grausiges Untier mehr, ihre Augen hatten einen zarten Glanz, die aufgerollte Schlange war ihre Zunge, wie Anders erkannte, und ihre Flügel standen aufrecht wie haushohe Segel.
»Sie Armer«, sagte Juliana. »Sie sind hier ja elend dran.«
»Können Sie mich nicht losmachen?«, fragte Anders.
»Ich?«, rief Juliana aus. »Daran ist leider gar nicht zu denken. Ich muss doch fort. Ich habe keine Zeit, Herr Doktor. Ich muss zu meiner Blume!«
»Aber ich muss doch hier heraus!«, rief Anders aufgeregt.
Im Gespräch mit dem Schmetterling hatte er ganz vergessen, dass er hier gefesselt stand, und nun packte ihn wieder die Angst. »Lassen Sie mich nicht allein!«, bat er flehentlich. »Bitte, machen Sie mich los. Ich selbst kann ja nichts tun, und ich sterbe vor Hunger.«
»Ach«, sagte der schöne Schmetterling, »so schlimm wird es schon nicht werden. Vielleicht kommen Sie doch noch los. Und wissen Sie was? Ich komme hier öfters vorbei und bringe Ihnen etwas zu essen, weil Sie doch mein Doktor sind und mir einen herrlichen Namen gegeben haben. Juliana – wirklich ein prächtiger Name!«

Während sie das sagte, schlug sie ihre leuchtenden Flügel auf und nieder, sodass ein zarter Wind durch die Höhlung wehte, und singend flog sie fort:

> *Mein erster Flug in die weite Welt!*
> *Wie schön sind Blumen, Wald und Feld!*

Schon war sie verschwunden, und das arme Kerlchen blieb in dem dunklen Loch zurück, bis an den Hals fest zugeschnürt, zwölf andere Gespinste um sich herum, und doch mutterseelenallein.
»Juliana!«, rief er, so laut er konnte, Tränen rannen ihm über sein Gesicht und erstickten seine Stimme, sodass er nicht auch noch »Federchen!« rufen konnte.
›Aber wozu denn auch? Federchen ist mir ja böse‹, dachte er.

Auf der Suche

Federchen saß neben Herrn Brommel auf einer Löwenzahnblüte, die wie ein gelber Teppich aus dem Gras herausstach. Der Himmel war blau und die Luft voller Lerchen, auf der Wiese standen Sauerampfer und Pfefferminze und Löwenzahn. Der Wind hielt sich ruhig und wehte nur alle die verschiedenen Düfte zusammen und auch noch den Heugeruch von einer schon geschnittenen Wiese, die etwas weiter weg lag.

»Hier ist es wirklich schön«, sagte Federchen, »hier wollen wir bleiben, bis der Löwenzahn abgeblüht ist. Dann sitzen wir fein in einer Flöckchenkugel.«
»Ach was«, brummte der Hummelmann.
»Doch«, rief Federchen, »dann mache ich ›Huiii!‹, alle Flöckchen fliegen fort, und wir kommen zum Vorschein.«
»Blödes Spiel«, fand Herr Brommel, »ich denke, du willst den armen kleinen Kerl suchen.«
»Ja, schon. Aber ich liege hier gerade so angenehm«, sagte sie und rollte sich über den gelben Löwenzahn hin.
»Na dann Tschüss!«, sagte der Hummelmann.
»Nein, bleib hier!«, rief sie. »Lass uns doch noch ein bisschen Spaß machen.«
»Ist nichts für mich. Ich muss weiter. Adschüss!«
»Warte doch mal!«, rief Federchen. »Wo hast du denn den Jungen gesehen?«
»Bei der Klatschmohnblüte dort unten«, sagte Herr Brommel, »Elvira Amalia heißt sie. Das ist ein böses Biest.«
Gleich richtete sich Federchen auf. »Dann wollen wir hin und sie tüchtig ärgern«, sagte sie.
»Hm«, sagte der Hummelmann, »einverstanden.« Dann nahm er Federchen auf seinen Rücken und flog davon.
»Wie geht das fein!«, rief die Kleine, deren weißes Röckchen in der Luft flatterte. »Wenn ich selbst fliege, dann bin ich immer eine Feder. Das ist ganz anders, als wenn man geflogen wird.«
»Kitzle mich nicht so!«, rief Herr Brommel ärgerlich. Federchen lachte und piekte ihn, sodass er einen großen Bogen machen musste und sie beide ins Gras torkelten, wobei sie gegen den Stängel der Mohnblume bumsten.
Nachdem Federchen sich ausgelacht hatte, rief sie: »Hallo! Oder müssen wir bei Ihnen oben anklopfen?«

Die Klatschmohnblüte rührte sich nicht.
»He, Sie, Fräulein Elvira Amalia mit dem großen roten Hut – sind Sie vielleicht gar nicht zu Hause?«, rief Federchen.
Keine Antwort. Keine Bewegung.
»Klingeling«, machte Federchen und zog an einem der Blätter.
»Au!«, hörte man von oben. »Elendes Gesindel! Macht euch fort!«
»Das hast du jetzt davon«, brummte Herr Brommel. Er nahm Federchen wieder auf den Rücken und flog mit ihr auf die Blume.
»Hören Sie mal, Amalia«, sagte er gutmütig, »wir suchen den kleinen Jungen, der Ihre Staubgefäße gezählt hat.«
»Wollen Sie jetzt Süßholz raspeln?«, fragte die Mohnblume spitz. »Das Kerlchen ist schon lange weg, mit den widerwärtigen Leuten, zu denen es gehörte, mit diesen gemeinen Raupen.«
»Mit Raupen!«, rief Herr Brommel erschrocken.
»Ja«, stimmte sie zu, »ganz grüne Viecher, die wollten mich auffressen, und da ist er feige davongelaufen.«
»Das kann nicht stimmen!«, rief Federchen.
»Immer langsam«, mahnte Herr Brommel, »offenbar wurden Sie doch nicht aufgefressen!«
»Sie haben den Raupen wohl nicht geschmeckt«, höhnte die Kleine.
»Federchen, sei still. Wo sind die Raupen denn hingezogen?«
»Woher soll ich das wissen. Lassen Sie mich in Ruhe.«
»Aha«, rief Federchen plötzlich. »Hier hat Anders wohl etwas gelernt!« Sie besahen sich die Staubgefäße, die noch in sieben Bündeln zu je vieren zusammengebunden waren. »Viermal sieben hat er sich ausgerechnet. Schlau, was?«
»Komm mit, Federchen«, sagte Herr Brommel, »wir müssen den Spuren der Raupen folgen. Vielleicht finden wir ihn.«
»Adieu, süße Dame«, rief Federchen, »sehen Sie sich nur vor, dass kein Windstoß Ihren schönen roten Hut zu packen kriegt. Dann ist die ganze Pracht nämlich hin.«

Die Mohnblume zitterte vor Wut, sagte aber kein einziges Wort, und Herr Brommel flog mit dem kleinen Mädchen in dem weißen Röckchen und den weißen Pantöffelchen fort.

Es war nicht ganz leicht, den Raupenspuren zu folgen, denn es war nun schon eine ganze Weile her, dass die grünen Kriecher mit Anders als Gefangenem durch das Gras gezogen waren. Aus der Luft war so gut wie nichts zu sehen, und so mussten Herr Brommel und Federchen zu Fuß hinterher, und das war recht mühsam.

Sie liefen Hand in Hand, aber meistens sprang Federchen hin und her, wippte jetzt auf ein Maßliebchen, und gleich darauf rief sie »Buh!« in ein Mauseloch.

»Ich glaube, du nimmst dir überhaupt nichts zu Herzen«, sagte Herr Brommel missbilligend.

»Wieso?«

»Na, an den armen kleinen Kerl denkst du anscheinend gar nicht – wo er steckt und was ihm passiert ist.«

»Ganz falsch!«, rief Federchen, »dem geht's nicht schlecht. Der sitzt irgendwo, isst Kirschtorte und zählt die Kerne. Er ist ja so dumm – so dumm, dass Sie sich das einfach nicht vorstellen können.«

»Dumm ist er nicht«, sagte Herr Brommel, »und Torte bekommt er bei den Raupen bestimmt nicht.«

»Dann zählt er die Blätter, die sie auffressen!«, rief Federchen, »sehen Sie mal hier: ein vierblättriges Kleeblatt«, singend tanzte sie umher:

Eins und zwei und drei und vier,
der dumme Anders sitzt nicht hier!

»Nun komm schon«, sagte Herr Brommel, nahm sie wieder bei der Hand, und sie suchten die Stellen, an denen das Gras von den Raupen plattgetreten und angefressen war.

Die Spur hörte an einem mächtigen Eichbaum auf. An der Rinde seines Stammes war nichts zu entdecken, kein abgebrochenes Stängelchen und nirgends ein Loch, das in sein Inneres führte.
»Wo sind sie denn nur geblieben?«, brummte Herr Brommel und sah am Baum hinauf. »Wenn sie nach oben gekrochen sind und irgendwo in den Blättern sitzen, dann können wir tagelang suchen. An dem Stamm haben sie jedenfalls keine Spur hinterlassen.« Missmutig schwieg er.
»Sehen Sie mal da!«, rief Federchen, die auch nach oben starrte. »Was für ein schöner Schmetterling! Ach, ich wär' so gern ein Schmetterling geworden!«
Sie klatschte in ihre Hände, und der Schmetterling, der aus einem Loch im Baumstamm gekommen war, flog in allen Farben schillernd der Blumenwiese zu. Sehnsüchtig schaute Federchen ihm nach.
»Nun lass doch den Schmetterling«, sagte Herr Brommel ärgerlich, »der hilft uns auch nicht weiter, und wir haben an andere Dinge zu denken.«

Schwere Träume

Anders hatte schrecklichen Hunger und schrecklichen Durst. Er stand und stand an der Wand, an Händen und Füßen gefesselt, und niemand kam, um ihm zu helfen.
›Wer soll dich hier auch finden?‹, dachte er, und seine Grübeleien wurden immer düsterer und trauriger, denn er meinte, nun werde er bald sterben. Sein Kopf sank auf den Rand des Gespinstes. Er schlief ein und begann zu träumen.

Es war ein schauderhafter Traum. Er stand vor dem Großen Zauberer. Der war pechschwarz, hatte grüne Augen und eine veilchenblaue Nase.
»Zweihundertdreiundachtzigtausendsechshundertachtundzwanzig und ein halb«, rief er streng, »geteilt durch sieben: Wie viel ist das?«
Anders war verzweifelt. Er versuchte, an den Fingern abzuzählen. Der Zauberer brüllte: »Aus dem Kopf!«
Anders wusste nicht aus noch ein und kam vor Durst fast um. Denn alle Ziffern waren so trocken, und er musste sie hinunterschlucken. Dicke Achten schmeckten wie altbackene Brötchen. Die Zweien waren süß und die Vieren bitter. Die Siebener aber umtanzten ihn in langen Reihen, und der Zauberer schrie: »Rechnen! Wie viel ist das?«
Um Anders herum drehte sich alles, und die Siebener setzten sich um einen runden Tisch. Sie waren Richter und riefen: »Der Knabe Anders wird verurteilt durch das Gericht der Sieben. Er muss ins Gefängnis und muss da verhungern!«
»Nein!«, schrie Anders.

»Dann sag es uns auf!«, riefen die Richter.
»Das ganze Einmaleins mit der Sieben?«, fragte Anders entsetzt.
»Das ganze Einmaleins mit der Sieben. Los, fang an!«
Die Menschen träumen manchmal schwer, auch kleine Jungen, sogar wenn sie verzaubert sind. So kam es, dass Federchen und Herr Brommel, während sie noch am Fuß des Eichbaums standen, plötzlich etwas hörten – in seinem Angsttraum sprach Anders nämlich laut.
Die beiden hielten den Atem an. Durch das Geflüster der Blätter, die ein leiser Wind bewegte, vernahmen sie ein dünnes, heiseres Stimmchen: »Einmal sieben ist sieben. Zweimal sieben ist vierzehn«, und so weiter bis »Sechsmal sieben ist …«
»Anders!«, rief Federchen, und dann machte sie ›Huiii!‹.
»Das soll einer glauben!«, brummte Herr Brommel und flog hinter der Kleinen her. In einem Augenblick waren sie oben am Baum und krochen in die schummrige Höhlung der Eiche.

Federchen entdeckte das eingesponnene Kerlchen zuerst.

»Anders!«, rief sie, und noch einmal. Aber sie bekam keine Antwort. Sie stieß ihn an. Da fiel er in seinem Gespinst um und erwachte aus seinem Traum. Aber er dachte, die bösen sieben Richter wollten ihn ins Gefängnis schleppen.

»Nein, nein«, rief er, »sechsmal sieben ist … ist … sechsmal sieben ist –«

»Zweiundvierzig!«, rief Federchen, und dann jammerte sie: »Oh weh, nun habe ich es dir vorgesagt, und das darf ich doch nicht!«

Anders machte die Augen auf.

»Federchen!«, sagte er, und ihm kamen die Tränen. »Federchen, bist du es?«

»Was hast du nur für einen verrückten Anzug an!«, rief Federchen, und Herr Brommel sagte: »Sie haben ihn ganz eingesponnen. Wir müssen ihn befreien.«

Sie legten ihn auf den Boden und Herr Bommel beugte sich über den Jungen, der seine Augen wieder geschlossen hatte. Federchen strich ihm sacht über die Stirn.

»Junge, Junge, Junge, wie machen wir das jetzt nur?«, brummte Herr Brommel.

Die große Rolle

Als Anders seine Augen nach langer Zeit wieder öffnete, sah er die ernsten Gesichter des Hummelmanns und Federchens, und er hörte die Brummstimme des Hummelmanns sagen: »Wir kriegen das Kerlchen nicht aus dem Gespinst heraus.«
»Haben Sie keine Schere?«, fragte Anders.
»Was ist denn das nun wieder, eine Schere?«, fragte Herr Brommel, »er fantasiert.«
»Nein«, rief Federchen, »er fantasiert nicht die Bohne. Scheren gibt es, nur wir haben keine.« Sie hockte sich neben den Jungen und befühlte das Gespinst an dessen oberem Rand.
»Ach Anders«, sagte sie, »wie ein Paket haben sie dich eingeschnürt – nein, wie eine Rolle. Und das sind ja alles lauter einzelne Enden.« Sie nahm einen der Fäden in ihre Finger und zog daran.
»Herr Brommel«, rief sie, »helfen Sie mir doch!«
Jetzt griff der Hummelmann auch zu und zog gleich an zwei Fäden.
In das Gespinst kam Bewegung. Die Fäden wickelten sich ab, und dadurch kam Anders ins Rollen. »Hurra!«, rief Federchen. Sie zog noch einen Faden ab, und nun kam Anders so in Fahrt, dass er nicht mehr zu halten war. Er rollte über den Boden der Höhlung, aber mit einem Mal war da kein Boden mehr, sondern nur ein tiefes, tiefes Loch, und Anders stürzte hinein in den Abgrund.
Der arme Junge glich einem losgelassenen Knäuel Garn, das immer tiefer hinabfiel. Immerhin wickelten sich die Fäden dabei ab. Wie ein Propeller drehte er sich und wusste nicht mehr, was mit ihm geschah. Hell und Dunkel wechselten um ihn ab, und als er endlich am Fuß des hohlen Baums ankam, war er die Hälfte der Fäden los.

Immer noch beengte ihn der Rest, und immer noch drehte er sich weiter, über Blätter, über Zweige, über Grashalme, über Moos, über Klee und quer durch ein Büschel Goldlack. Die Fäden wickelten sich weiter ab und blieben als deutliche Spur liegen. Schließlich war das ganze Gespinst abgerollt, und die letzten Enden lösten sich von seinen Füßen. Aber der Junge war so ins Rollen gekommen, dass er weiterbrauste wie eine Dampfwalze, die auf Volldampf gestellt ist.
Nach dem ersten Schrecken waren Federchen und der Hummelmann sofort nach draußen geflogen – Federchen auf Herrn Brommels Rücken. Sie brauchten den Fäden nur zu folgen, um zu sehen, wohin Anders gerollt war. Aber dann waren die Fäden auf einmal zu Ende.
»Wie kann das sein?«, rief Federchen aufgeregt. »Wo ist er denn nur geblieben?«

»Da!«, zeigte der Hummelmann. »Die Fäden hören zwar auf, aber da ist das Gras plattgedrückt.«

Dicht über dem Erdboden fliegend, folgten sie der neuen Spur, bis der Hummelmann einen Schreckensschrei ausstieß: Die Rollspur verschwand im schwarzen Wasser eines Moorgrabens.

»Oh weh«, jammerte Federchen, »Anders ist ertrunken! Sehen Sie nur da!«

Zwischen dem Gras und der Kante des Moorgrabens lag eine winzige Brille mit nur einem durchsichtigen Glas – seine Brille!

Der neue Schüler

Drei Schneckendamen, nämlich Fräulein Hik, Fräulein Hak und Fräulein Hok, pflegten jeden Abend gemeinsam den Sonnenuntergang zu betrachten. Jede von ihnen wohnte in einem schön gedrehten kleinen Haus, aus dem sie zum Vorschein kamen, um sich dann langsam und würdig an ihren festen Platz zu begeben. Das war ein großer Stein, der sich hierher verirrt hatte und dann liegen geblieben war. Von hier aus hatten sie eine prächtige Aussicht nach Westen. Die Damen saßen nebeneinander, streckten die Fühler aus und schauten schweigend auf die rote untergehende Sonne, bis nur noch so viel von ihr zu sehen war, dass sie einer Zungenspitze glich, die ein Himmelsriese langsam nach innen zog.
»Ach«, seufzte Fräulein Hik dann gefühlvoll, »da sinken alle meine Wünsche wieder ins Nichts.«
»Ja, ja, schöne Wünsche!«, antwortete Fräulein Hak. »Aber auch so mancher Ärger versinkt, und morgen Früh, wenn die Sonne aufgeht, ist alles wieder frisch und fröhlich.«
»Seht euch den Mond an«, sagte Fräulein Hok, die sich inzwischen umgedreht hatte. »Groß wie ein Reifen, gelb wie eine Zitrone, und so starrt er uns schief an.«
»Ach wo«, sagte Fräulein Hik, »der sieht gar nicht auf uns. Der sieht auf die Erde und wundert sich, dass da so tolle Dinge geschehen.«
»Oder er wundert sich über das, was hier nicht geschieht«, sagte Fräulein Hik, »zum Beispiel mit meinem Jakob.«
Darauf schwiegen die anderen beiden ehrerbietig, denn Fräulein Hik war die Älteste von ihnen und hatte ein Leben lang vergeblich darauf gewartet, dass ihr Bräutigam Jakob zu ihr zurückkäme. Das

hatte er ihr nämlich versprochen, als er zu einer angeblich unaufschiebbaren Reise aufgebrochen war. Fräulein Hak und Fräulein Hok hatten die Jahre mit ihr verwartet und verweint und es verschmäht, zu heiraten. Freilich hatte sich so mancher Liebhaber gemeldet, der hinter einer Doldenblume versteckt Psst! gerufen oder kurzerhand an ihren hübsch gedrehten Häuschen angeklopft hatte – aber immer hatten die Damen gesagt: »Erst kommt Hik dran!« Und Fräulein Hik sagte: »Für mich kommt nur mein Jakob infrage.« Einer der Bewerber um ihre Gunst kam mit der Behauptung angerückt, Jakob sei durch einen frechen Star aufgepickt und verzehrt worden. Doch da hatte Fräulein Hik empört die Tür zugeschlagen, und der Schwindler hatte sich verzogen.

Nur zum Sonnenuntergang verließen die Damen ihre Häuschen. Aber von dem steinernen Findling aus schauten sie nicht nur nach der Sonne, sondern heimlich hielten sie auch nach Jakob Ausschau. Um sich nützlich zu machen und auch, um über das zehrende Warten hinwegzukommen, hatten die drei Damen eine Schule gegründet. Freilich war das keine gewöhnliche Schule, sondern eine ganz besondere, welche die neuesten Grundsätze der Erziehungswissenschaft berücksichtigte. Ihre erste Regel lautete: »Grundsätze sind wichtiger als Lesen, Schreiben, Rechnen oder Erdkunde. Dass ein Kind Grundsätze mit auf den Weg bekommt, ist wertvoller, als wenn es weiß, wie die Hauptstadt von Albanien heißt. Städte vergehen, Grundsätze bleiben bestehen. Und außerdem: Was fängt man in Tirana an, wenn man keine Grundsätze hat?«
Leider begegneten ihre Gedanken einem sehr geringen Interesse. Sie bekamen nur wenige Schüler, und so blieb die Schule recht klein. Da waren ein paar Schneckenkinder, denen das Lernen sehr schwer fiel, dazu Kinder von Grashüpfern, denen der Vater weggesprungen war, und ein bedauernswertes Mückenkind, das schon sieben Jahre hier war und immer noch in der untersten Klasse saß, da es nicht begreifen konnte, was ein Grundsatz war.
In diesem Jahr sah es in der Schule besonders traurig aus. Nicht ein einziger neuer Schüler war gekommen. Um den Mut nicht zu verlieren, sagten die Damen: »Jetzt haben wir große Ferien, ganz große Ferien. Wir spannen einmal gehörig aus, und dann gehen wir wieder mit neuen Kräften an die Arbeit.«
An diesem Abend nun hatte es eigentlich keinen Zweck, auf den Sonnenuntergang zu warten, denn der Himmel war bedeckt, weshalb die Damen beschlossen, einen Spaziergang am Rand des Wassergrabens zu machen. So kam es, dass sie dort standen und zusahen, wie ein Wasserrosenblatt dahintrieb und am Ufer gewissermaßen festmachte.

»Seht doch!«, rief Fräulein Hak. »Wer kommt denn da angefahren? Auf dem Blatt, meine ich!«
»Was denn? Wer denn? Etwa Jakob?«, rief Fräulein Hik, und ihr Herz klopfte.
»Ih bewahre«, sagte Fräulein Hok, »ein Schüler!«
»Ein Schüler?«, rief Fräulein Hik. Sie sah jetzt auch, dass auf dem Blatt einer Wasserrose ein winziges Wesen lag.
»Ach du liebe Zeit, das sieht ja mehr nach einem Toten aus!«
»Ach woher«, antwortete Fräulein Hak, »da ist jemand todmüde und schläft sich aus. Ich wette, es ist ein Ausländer.«
»Ein Schüler, keine Frage«, erklärte Fräulein Hok, »ein Neuer! Wir müssen ihn wecken und mitnehmen. Dann sind die großen Ferien mit einem Schlag vorbei.«
»Gottlob!«, riefen die drei im Chor. Sie krochen ans Wasser, und während die eine das Blatt festhielt, kroch eine andere näher, um den neuen Schüler wachzurütteln. Aber das gelang nicht. Der Schläfer rührte sich nicht.
»Wir müssen ihn nach Hause tragen«, entschied Fräulein Hok. Der Fremde wurde vorsichtig auf ihren Rücken gezogen, und so kroch sie langsam von dem Blatt weg auf das Ufer zu. Dann machten sich alle drei auf den Heimweg zu ihren Häuschen. Dort wurde der Gast auf dem Spielplatz niedergelegt, und um ihn zu erwärmen, hauchten die Damen ihn an. Auch massierten sie ihn, damit er wieder beweglich würde, und riefen: »Komm zu dir, Jungchen!« Das half. Der Unbekannte seufzte tief auf und öffnete seine Augen.
»Oh weh!«, riefen die Damen bestürzt aus, denn seine schwarzen Pupillen flackerten hin und her, was unheimlich aussah. »Ihm geht's nicht gut!«
»Igitt, Schnecken!«, ertönte es aus dem Mund des Kranken. »Schmierige Schnecken!« Er schloss die Augen. »Schwindlig ... ganz schwindlig ... mir ist so schrecklich schwindlig.«

»Armes Kerlchen!«, sagte Fräulein Hik. »Auf seiner Wasserfahrt ist es seekrank geworden.«
»Die Seekrankheit geht vorüber, wenn man wieder an Land ist«, meinte Fräulein Hak.
»Dann lassen wir ihn am besten erst einmal ausruhen«, erklärte Fräulein Hok, »er wird uns schon noch sagen, wohin er gehört. Und wenn wir das wissen, dann können wir den Unterricht vorbereiten.«
»Richtig«, meinten die andern beiden. Sie krochen ein wenig von ihm weg und warteten geduldig, bis Anders wiederhergestellt war.
»Ach«, seufzte Fräulein Hik, »wenn das Jakob gewesen wäre!«
»Ich frage mich«, sagte Fräulein Hak überlegend, »welche Grundsätze wir ihm zuerst beibringen müssen. So ein Wesen habe ich noch nie gesehen. Füße mit Zehen, aber nur vier. Keine Flügel. Unser neuer Schüler kommt bestimmt von sehr weit her.«

Eine besondere Schule

Anders hatte Glück gehabt. Er wäre wirklich in den Graben gerollt und dort vielleicht ertrunken, wenn nicht gerade ein Blatt einer Wasserlilie vorbeigetrieben wäre, auf dem er landete.
Davon wusste er aber nichts, denn ihm war so übel und schwindelig von all dem Rollen. Er wusste auch nicht, wie lange er auf dem Wasser getrieben war. Er wusste nur, dass eine Menge Schnecken, mindestens zwanzig, sich über ihn gebeugt hatten, als er zum ersten Mal die Augen wieder aufschlug. Aber das lag daran, dass ihm noch immer ganz duselig war.
Als Anders die Augen das nächste Mal öffnete und sich so gut fühlte, dass er sich umsehen konnte, waren da nur noch drei Schnecken. Sie saßen vor drei schön gedrehten Häusern und plauderten.
»Hallo!«, rief Anders. »Ich lebe noch!«
»Oh, so ein Glück!«, sagten die Damen. »Die Schule kann beginnen.«
»Schule?«, fragte Anders. »Aber … aber … wo ist meine Brille?« Er tastete seine Nase ab, dann seine Ohren und zuletzt den Boden um sich herum.
»Du brauchst keine Brille«, sagten die Damen. »Wir unterrichten kein Lesen.«
»Aha«, wunderte sich Anders. »Aber Rechnen, oder?«
»Nein«, antworteten die Damen. »Wir unterrichten auch kein Rechnen. Wir lehren Grundsätze.«
»Aber … das Einmaleins mit der Sieben?«, fragte Anders. »Das muss ich lernen.«
»Das Einmaleins mit der Sieben ist überflüssig, wenn man seine Grundsätze gelernt hat«, erklärten die Damen.

»Ach so«, sagte Anders. »Dann will ich sie gern lernen.«
»Ausgezeichnet. Wir beginnen sofort. Steh auf.«
Aber das konnte Anders nicht. Er war so lange eingesponnen gewesen, dass er jetzt steif wie ein Brett war.
»Woher kommst du?«, wollten die Damen wissen, und Anders erzählte ihnen alles, was ihm geschehen war.
»Genau, wie ich es mir gedacht hatte«, murmelte Fräulein Hok, als er fertig war. »Ein Ausländer. Das sind manchmal sehr gute Schüler.«
Darauf hoben die drei Schnecken den kleinen Jungen wieder auf, trugen ihn in eines ihrer Schneckenhäuschen und schoben ihn dann in dessen Windungen hinein. Je höher Anders kam, desto enger wurde der Gang aus Perlmutt und desto schärfer die Biegung, sodass er seinen steifen Leib immer mehr verbiegen musste.
»Au!«, schrie er. »Au! Hört doch auf!«
»Nein!«, riefen die Schnecken. »Auf die Art wirst du wieder geschmeidig und biegsam!«
Als Anders mit seinem Kopf an das Ende des Ganges stieß, zogen sie ihn wieder zurück, drehten ihn halb um und stießen ihn wieder nach vorn, bis er schließlich durch alle Windungen gekrochen war. Dann ließen sie ihn los, und er kam aus dem Perlmuttgang wie auf einer Rutschbahn herausgeschossen – und alle Steifheit war aus seinen Knochen verschwunden.
»Jetzt sind wir so weit!«, rief Fräulein Hok. »Die Schule kann beginnen.«
Der Unterricht wurde unter freiem Himmel abgehalten, auf dem Platz zwischen den drei Schneckenhäusern, und Anders musste auf der vordersten Bank sitzen.
»Höre gut zu«, sagte Fräulein Hok, »wir fangen mit den Grundsätzen an.«
»Was sind Grundsätze?«, fragte Anders.

»Das will ich dir gerade erzählen«, sagte die Schnecke. »Gib Acht. So lautet der erste Grundsatz: Es gibt nur ein Ich, und das bin ich selbst. Das übrige sind die andern Leute.«
»Aha«, sagte Anders. »Also, das verstehe ich.«
»Der zweite Grundsatz: Die andern Leute denken, sie seien auch Ich. Das ist der Große Irrtum.«
»Aha«, sagte Anders. »Ich … ich …« Aber die Schnecke sah ihn streng an und fuhr fort: »Der dritte Grundsatz: Der Große Irrtum dauert von der Wiege bis zur Bahre. Aber man kann ihn durchschauen, und wer ihn durchschaut, der wird ein anderer und braucht nichts weiter auswendig zu lernen.«
»Aha!«, rief Anders. »Das ist genau, was ich will!«
»Hast du das also verstanden?«, fragte Fräulein Hok.

Anders nickte heftig: »Jawohl!«
»Dann bekommst du die schlechteste Note!«, rief sie. »Denn die Grundsätze sind nicht zu verstehen. Die Stunde ist aus.«
Die Schnecke kroch weg, und Anders wollte sich erheben. Aber eine Stimme hinter ihm sagte: »Sitzen bleiben! Jetzt beginnt die zweite Stunde.«
Damit kam Fräulein Hak angekrochen, um die zweite Stunde abzuhalten.
»Komm aus der Bank«, sagte sie, »und laufe. Eins-zwei, eins-zwei, immer im Kreis.«
»Wird das eine Turnstunde?«, erkundigte sich Anders.
»Nein«, sagte Fräulein Hak.
Ihr Schüler lief gehorsam los. Nach zwei Runden fragte Fräulein Hak: »Machst du das auswendig?«
»Wie? Was?«, fragte anders.
»Gehst du auswendig?«, fragte die Schnecke noch einmal. »Links-rechts, links-rechts, sagst du dir das bei jedem einzelnen Schritt vor?«
Da musste Anders lachen.
»Aha!«, sagte die Schnecke, und ihre Fühler bewegten sich in zwei großen Bögen. »Und jetzt das Einmaleins mit der Sieben!«
Anders fing an: »Einmal sieben ist sieben. Zweimal sieben ist vierzehn …« Da rief Fräulein Hak wieder »Aha!«, und Anders schwieg bestürzt.
»Warum sagst du das Einmaleins laut auf und deine Schritte nicht?«, fragte die Schnecke streng.
Anders' Gesicht wurde feuerrot. »Weil … weil …«, stammelte er.
»Weil du denkst, dass du das Einmaleins lernst, wenn du es aufsagst! Du Dummkopf! Glaubst du, dass ich laufen lerne, wenn ich links-rechts, links-rechts aufsage? Ich habe doch gar keine Beine!«
»Nein«, erwiderte Anders verlegen.

»Und du hast doch keine sieben Beine!«
»Nein«, sagte Anders und wurde noch verlegener, denn er dachte, wie nötig er doch das Einmaleins mit der Sieben brauchte, um vor dem Großen Zauberer zu bestehen.
»Niemand hat sieben Beine. Daher ist das Einmaleins mit der Sieben völlig überflüssig. Die Stunde ist aus.«
Der Junge hoffte, es wäre nun frei, aber da kam die dritte Schnecke angekrochen, und Fräulein Hik schien die strengste Lehrerin zu sein.
»Höre zu, Zweibein«, sagte sie, »der Verstand ist ein großes Netz mit viereckigen Maschen. Wir werfen es aus, um damit das Leben zu fangen, aber das Leben ist wie Wasser und nicht zu fassen. Alles, was wir erwischen, sind nur Zahlen, und mit diesen Zahlen messen wir alles. Wir sagen: Messen ist Wissen, und wir messen alles. Aber in unserer Schule lernst du: Messen ist Vergessen. Merke dir den Reim:

Wisst: Wer nur zählt und misst,
der vergisst, dass Leben wie Wasser ist.

Die Stunde ist aus.«
»Darf ich jetzt aufstehen?«, fragte Anders. Ihm war ganz wirr im Kopf.
»Ja«, sagte Fräulein Hik.
»Ja … Ja … Ja …«, riefen auch die Damen Hak und Hok. Sie kamen keuchend angehetzt und riefen wieder: »Ja … Ja … Ja …«
»Was ist denn los?«, fragte Fräulein Hik.
»Ja … Ja … Jakob!«, brachten sie endlich heraus. »Jakob ist zurück! Er steht an der anderen Seite des Wassergrabens!«

Die Brücke

Fräulein Hik war wie durch ein Zauberwort verwandelt. Abwechselnd wurde sie bleich und rot und fiel beinahe in Ohnmacht. Dann riss sie sich jedoch wieder zusammen und stöhnte schließlich: »Nein, das ist zu viel. Nun auch noch Jakob!«
»Nein, nein«, rief Fräulein Hak, »es kann noch alles gut werden. Komm nur rasch ans Wasser!«
»Nehmt die Häuschen mit!«, rief Fräulein Hok. »Wir werden doch von nun an zusammen wohnen!«
So kam es, dass die drei Schnecken, eine jede mit ihrem Häuschen auf dem Rücken, in höchster Eile zum Graben krochen. Anders ging hinter ihnen her.
Als sie ans Wasser kamen, sahen sie tatsächlich auf der anderen Seite eine schwarze Schnecke, die ihre Fühler nach ihnen ausstreckte. Fräulein Hik tat das Gleiche und sagte dann gerührt: »Ach, er ist es wirklich ... Noch immer ganz derselbe!« Sie fing zu weinen an und konnte daher nicht weitersprechen.
»Aber wie gelangt er zu uns?«, rief Fräulein Hak. »Er kann ja nicht über das Wasser!«
Darauf musste Fräulein Hik noch heftiger schluchzen. Aber Anders rief: »Auf einem Seerosenblatt kommt er herüber!«
Es lagen genug auf dem Wasser, jedoch war kein einziges vom Ufer aus zu erreichen, und alle waren fest verwurzelt. Aber Anders erwies sich als der Herr der Lage.
»Ich werde eine Brücke bauen«, sagte er, ganz hingerissen von seinem Einfall, »eine Brücke aus geflochtenem Gras, die geht dann in einem Bogen vom Ufer aus auf das nächste Seerosenblatt, und von da immer weiter, von Blatt zu Blatt.«

»Jakob!«, rief Fräulein Hik, und ihre Stimme klang schrill, »wir kommen zu dir hinüber. Geh um Gotteswillen nicht fort!«

Anders war schon dabei, Grashalme abzubrechen, und die drei Damen halfen ihm dabei. »Das ist eine Mordsarbeit«, sagte er wichtig, »wir müssen genau wissen, wie viel wir brauchen. Sieben Bögen sind nötig, und für jeden muss ich sieben Grashalme haben –« Er hielt inne. Dann bemerkte er: »Nun muss ich doch wissen, wie viel siebenmal sieben ist.«

Weiter sagte er nichts, aber die drei Schneckendamen bekamen feuerrote Köpfe. Schließlich stammelte Fräulein Hik: »Messen ist Wissen. Aber ich weiß es nicht.« Fräulein Hak flüsterte: »Wer könnte das aus dem Kopf sagen? Ich nicht!« Und Fräulein Hok gestand: »Ich weiß es auch nicht.«

Es blieb also nichts anderes übrig, als die Grashalme einzeln zu zählen. Die Schnecken zogen schöne lange Halme aus der Erde, der Junge legte sie in Häufchen zu je sieben zusammen, und als Fräulein Hik rief: »Jetzt habe ich hier den fünfzigsten Grashalm!«, entschied Anders stolz: »Einer zu viel! Ich habe hier siebenmal sieben, das sind neunundvierzig!« Dann begann er seine Arbeit.

Das Flechten des ersten Bogens kostete viel Mühe. Er musste so breit und kräftig werden, dass eine Schnecke darüberkriechen konnte. Als das Kunstwerk fertig war, legte es Anders vom Ufer aus behutsam auf das erste Wasserrosenblatt.
»Kann ich jetzt hinüber?«, fragte Fräulein Hik sehnsüchtig, aber Anders wies sie zurecht: »Erst muss die ganze Brücke fertig sein!« Die Grashalme, die er noch brauchte, klemmte er sich unter den Arm und kroch vorsichtig auf das erste Stück seiner Brücke. Sie wackelte ein bisschen, aber sie hielt. Er setzte sich auf das Blatt und machte sich an den zweiten Bogen.
»Sollen wir nicht helfen kommen?«, riefen die Damen. Aber der Baumeister fürchtete, alle zusammen würden zu schwer.
»Lieber nicht! Ich schaffe es schon!« Er flocht und flocht, und die drei liefen am Ufer des Grabens ungeduldig auf und ab.
Als der zweite Bogen fertig war, legte Anders ihn sorgfältig auf das nächste Blatt hinüber, und damit war wieder ein Stück gewonnen.
»Hurra!«, rief Fräulein Hik, »bald sind wir so weit, Jakob!« Aber Jakob antwortete darauf nicht.
Wieder kroch Anders über das federnde neue Stück der werdenden Brücke, Grashalme unterm Arm, und begann den dritten Bogen.
»Uff«, stöhnte er, »da habe ich mir ja etwas Schönes eingebrockt.« Und während er so flocht, dachte er an Federchen und den Hummelmann und den schönen Schmetterling Juliana. Über das Wasser strich ein Windstoß, und Anders erschauerte unter ihm. ›Der Sommer geht zu Ende‹, dachte er, ›nicht mehr lange, und der Herbst ist da. Wo soll ich dicke Wintersachen herbekommen? Ich bin zwar schon bei siebenmal sieben, aber wenn ich mich nicht beeile, dann komme ich zu spät zum Großen Zauberer …‹
Eifrig flocht er weiter, und dann lag der dritte Bogen an seinem Platz. Anders saß schon auf dem folgenden Blatt und arbeitete am vierten Bogen.

»Geduld! Geduld!«, riefen die Damen Hok und Hak und trösteten ihre Schwester. »Jahrelang hast du auf deinen Jakob gewartet, liebe Hik – was sind da noch ein paar Stunden?«

»Wenn ich nachher nur nicht ins Wasser falle«, seufzte Fräulein Hik, »das wäre ein trauriges Ende einer großen Liebe! Verknotest du auch alles fest, dass ich nicht durchrutsche?«, rief sie zu Anders hinüber.

»Ja«, sagte er, dachte aber: ›Wozu denn das? Verknotet habe ich nichts, und es geht ja auch so.‹ Er flocht weiter, wie er es bisher getan hatte, bis der neue Bogen der Brücke fertig war. Den legte er aus, kroch hinüber und fing den fünften an.

Um sich die Zeit zu vertreiben, sangen die Damen dreistimmig:

> *Seht, an der Brücke steht Jakobs Braut.*
> *Seht, wie sie zu ihm hinüberschaut!*
> *Nach Jahren kam er endlich zurück.*
> *Die Brücke, die Brücke führt sie ins Glück.*

Jakob aber äußerte sich nicht weiter. Das Lied sangen sie drei Mal hintereinander, und danach war Anders schon mit dem sechsten Bogen beschäftigt.

»Jetzt machst du dich gleich auf den Weg«, sagten die Schwestern zu Fräulein Hik, aber sie zauderte und sagte ängstlich: »Ich trau' mich nicht …«

»Unsinn!«, riefen die andern beiden. »Die Brücke ist fest genug, und was soll Jakob von dir denken, wenn du nun auf einmal zögerst?«

»Ach ja, ach ja«, seufzte Fräulein Hik. Langsam kroch sie zu dem ersten Grasbogen hin, aber wieder zauderte sie. Mit bebender Stimme rief sie zu Anders hinüber: »Ist es nicht besser, wenn ich noch etwas warte?«

»Nein, nein«, rief Anders, »kommen Sie nur!« Er hatte den sechsten Brückenbogen ausgelegt, saß auf dem letzten Wasserrosenblatt und war dabei, mit den sieben Grasstängeln, die noch übrig waren, den siebenten Bogen zu flechten, der den Weg von Ufer zu Ufer abschloss.

»Also dann muss ich jetzt los«, sagte Fräulein Hik, »auf Wiedersehen, ihr Lieben!«

»Aber wir kommen ja mit!«, riefen die beiden treuen Schwestern. »Wir wollen doch die Hochzeit mitfeiern. Wir folgen dir. Geh nur voran!«

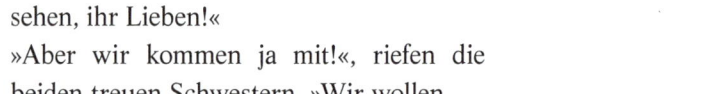

Da blieb ihr nichts anderes übrig, und ganz vorsichtig schob sie sich vorwärts. Als ihr plumper Schneckenleib auf der Hälfte des gräsernen Bogens lag, ging das Geflecht etwas auseinander, und kaum hatte sie das feste Land ganz hinter sich, da schwankte der ganze Bogen gefährlich hin und her, und die Halme quietschten.
»Hilf Himmel, wie schrecklich!«, rief Fräulein Hik verzweifelt. Aber zurück konnte sie nicht, denn eine Umkehr war unmöglich.
»Hilf Himmel!«, rief sie noch einmal. Doch sie hatte nun den höchsten Punkt des Bogens erreicht. Von hier an ging es bergab, und sie rutschte

von selbst weiter und kam unbeschädigt auf dem ersten Seerosenblatt an.

Dadurch ermutigt, machte sie sich ganz tapfer an den zweiten Bogen. Der schwankte noch ärger als der erste, denn er hatte ja keinen festen Halt durch das Ufer, und die Schnecke stöhnte: »Der Weg zur Hochzeit ist ein schwerer Gang! Darauf zu warten war eigentlich viel bequemer …« Dennoch erreichte sie das zweite Blatt und ging entschlossen an den dritten Bogen.

Inzwischen war Anders mit der Brücke ganz fertig geworden. Er kroch an das andere Ufer und lief auf die fremde Schnecke zu, die da im Gras lag.

»Sind Sie Herr Jakob?«, fragte er.

»Na, wer denn sonst«, sagte das schwarze Tier unfreundlich.

»Hoffentlich hält die Brücke«, sagte Anders.

»Wird schon halten«, sagte der schwarze Jakob und kroch auf sie zu.

»Bitte warten Sie noch einen Augenblick!«, rief Anders.

»Ihre Damen … ich meine, Fräulein Hik kommt gleich an Land.«

»Wozu denn das?«, schnauzte Jakob. »Ich muss doch zu ihr gehen und nicht sie zu mir. Das gehört sich nicht. Sie soll gefälligst umkehren!«

»Ja, dann –«, sagte Anders. Er wollte wieder zur Brücke, um Fräulein Hik zu warnen, aber Jakob schnitt ihm den Weg ab.

»Warte gefälligst, Bursche!«, rief Jakob böse, »erst komme ich!«

Der schwarze Jakob kroch langsam den siebenten Bogen hinauf. Dass der schwankte und quietschte, störte den Bräutigam nicht. Stur kroch er weiter.

»Pah, da habe ich ganz andere Sachen mitgemacht!«, sagte er verächtlich zu Anders, der ihm nachgegangen war. Anders aber hörte nicht auf ihn.

»Hallo!«, rief er. «Hallo, Fräulein Hik! Nicht weiterkriechen! Zurückgehen!«

»Jetzt ist es aber genug«, schnauzte Jakob, »was geht dich das an? Das ist doch meine Braut!« Brummig setzte er hinzu: »Bin neugierig, ob sie noch nach was aussieht.«
»Was gibt es denn?«, klang Fräulein Hiks Stimme über das Wasser.
»Warum soll ich zurück? Ich denke nicht daran!«
Darauf sagte Anders nichts mehr. Sollten die Schnecken sehen, wie sie fertig wurden. So kamen denn Jakob und Fräulein Hik zu gleicher Zeit am fünften Grasbogen zusammen, jeder von seiner Seite. Nach so vielen Jahren der Trennung standen sie nun Auge in Auge einander gegenüber, auf einer gefährlich schwankenden Brücke aus geflochtenem Gras, über tiefem, dunklem Wasser.
»J–J–J–Jakob!« stieß Fräulein Hik hervor, und ein lange beherrschtes Weinen erschütterte sie. Dadurch verlor sie den Halt, und ihr Hinterteil kam ins Rutschen. Aber sie hatte ihre Fühler schon in die Jakobs geschlungen, und so zog sie ihn mit.
Mit einem starken *Rumms!* fielen die beiden dicken Schnecken zugleich auf das Seerosenblatt. Durch den Stoß riss es sich von seinem Stängel los und trieb langsam dahin. Alle sieben Brücken versanken im Wasser, und nur durch einen mächtigen Sprung konnte sich Anders retten.
»Schwester! Schwester!«, riefen Fräulein Hak und Fräulein Hok entsetzt. Hilflos standen sie am Ufer. »Was für ein schrecklicher Abschied! Leb wohl! Leb wohl!«
Aber Fräulein Hik sah und hörte nichts. Sie verschlang ihren Jakob mit den Augen und stammelte: »Endlich! Endlich sind wir vereint, mein Lieber! Jetzt können wir Hochzeit feiern!«
Damit wollte sie ihm einen Kuss geben, aber Jakob sagte wütend: »Und was soll der Kerl da?« Er zeigte auf Anders.
»Lieber Himmel!«, sagte Fräulein Hik und starrte erschreckt auf den pitschnassen Jungen, der mit ihnen auf dem fortschwimmenden Seerosenblatt saß.

Das Netz

Eine Stunde lang trieb das Blatt auf dem Wassergraben. Anders saß ganz am Rand und wandte den Schnecken den Rücken zu.

»Von Schnüfflern halte ich nichts«, murrte Jakob, und nach einer Weile: »Hier ist einer zu viel an Bord.« Schließlich wandte er sich direkt an den Jungen: »Kannst du nicht schwimmen? Ich will mit meiner Dame allein sein.«

»Ein guter Schwimmer bin ich nicht«, antwortete Anders erschrocken. Offensichtlich konnte dieser Jakob ihn nicht leiden, und das war für Anders recht unangenehm. Wenn Fräulein Hik nicht immer wieder gemahnt hätte: »Hab doch Geduld, Jakob«, dann hätte ihn der Schneckenmann bestimmt ins Wasser geworfen.

Die Sonne sank am Horizont, und es wurde kühl. ›Wie komme ich nur an Land?‹, dachte Anders. Er fing an, mit seinen Händen im Wasser zu rudern, denn er hoffte, das Blatt auf diese Weise steuern zu können. Das glückte ihm jedoch nicht, denn die Strömung war zu stark.

»Hör auf mit dem Wasserpatschen!«, rief Jakob scharf.

»Ich möchte nur gern an Land kommen«, sagte Anders schüchtern.

»Dann spring ins Wasser!«, knurrte Jakob. Aber Fräulein Hik nahm sich des Jungen an.

»Er meint es doch gut«, sagte sie, »schließlich hat er uns mit seiner Bogenbrücke zusammengebracht, Jakob. Wir können nicht so undankbar sein.«

Darauf brummte Jakob etwas, das Anders nicht verstand. Aber es war ihm gewiss, dass er vor dem Schwarzen auf der Hut sein musste.

Sie trieben immer weiter. Anders beobachtete die langsam vorüberziehenden Ufer. Hier und da wuchs Schilf, dazwischen sah er halb aufgeblühte Schwertlilien. Im Schein der Sonne tanzten Mücken, und da und dort kräuselte der Wind das Wasser.
Der Junge ängstigte sich. Wie lange sollte das so weitergehen? Der Wassergraben verlief gerade wie eine Kerze: Es gab hier nichts, was die Strömung aufhielt, keinen Pfahl, keine Wasserpflanzen, keinerlei Gewächs. Aber weiter vorn kam eine Brücke. Sie war groß und aus Beton, sodass sie von schweren Bauernwagen befahren werden konnte. Dort, wo das Wasser die Brücke erreichte, sah es düster aus.
»Wir kommen an eine Brücke!«, sagte Anders und zeigte nach vorn.
»Das interessiert mich nicht!« Jakobs Stimme klang jetzt richtig böse. »Wenn du noch einen Ton von dir gibst, werfe ich dich ins Wasser.«
»Aber Jakob –«
»Halt du dich da raus!«, schrie Jakob, und Fräulein Hik brach in Tränen aus.
»Wie habe ich mich auf unsere Heirat so gefreut«, jammerte sie, »und jetzt schnauzt du mich an!«
»Und wer ist daran schuld?«, fragte Jakob. »Der da!« Drohend wies er auf Anders.
Das Blatt trieb weiter und weiter auf die Brücke zu.
›Soll ich einfach abspringen?‹, dachte Anders. ›Ich kann zwar nur schlecht schwimmen, aber vielleicht erreiche ich das Ufer.‹
Rascher, als er es sich gedacht hatte, näherte sich das Blatt dem dunklen Schatten unter der Brücke. Hier wagte er nicht, ins Wasser zu springen. Er konnte die Hand nicht vor Augen sehen. Und er hörte unbekannte Geräusche, die von dem Gewölbe unheimlich widerhallten.

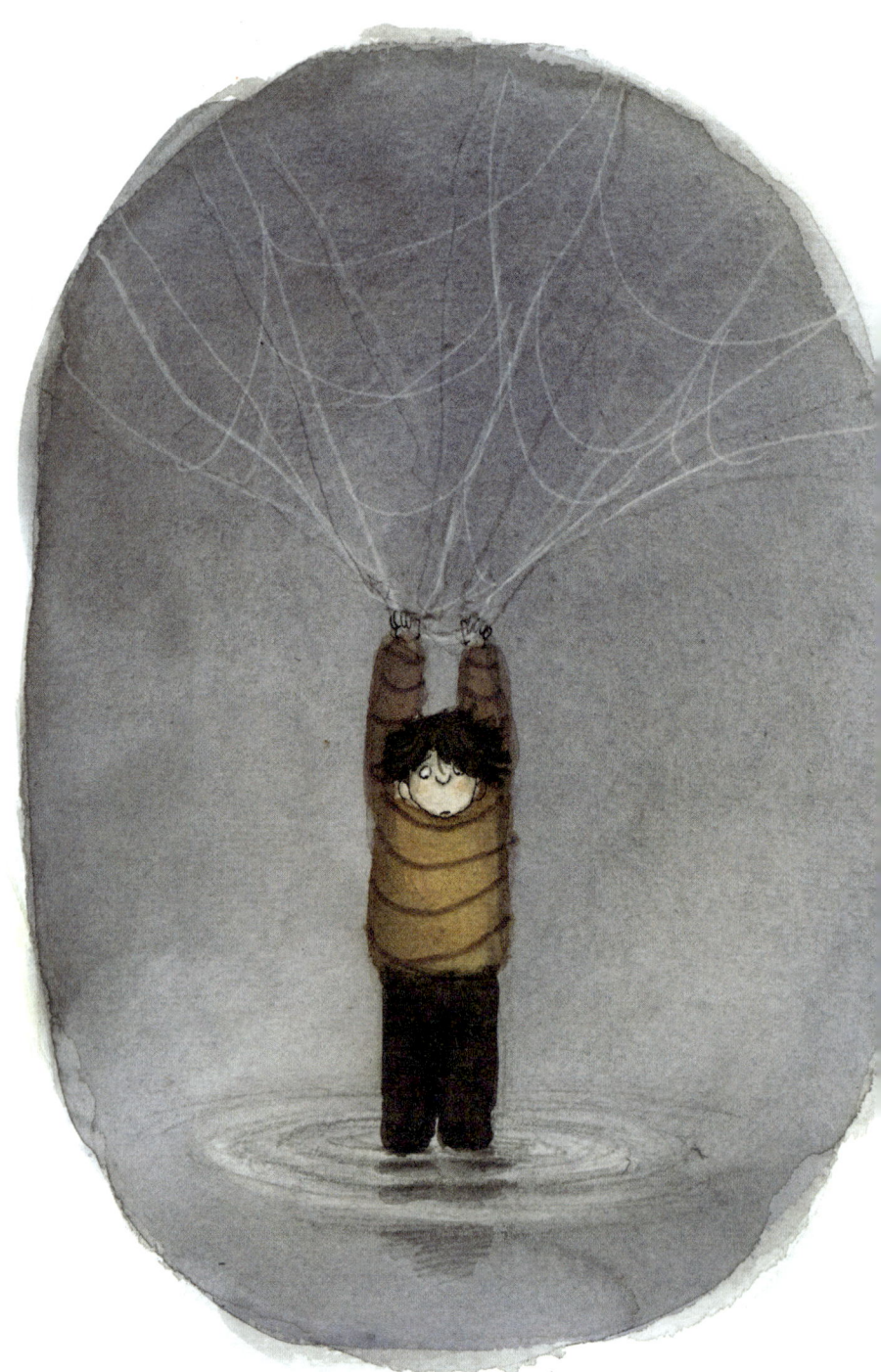

Waren das Stimmen? Aber wer flüsterte da im Dunkel, wenn es Stimmen waren? Und was war das für ein feiner Schleier, der sich plötzlich auf sein Gesicht legte? Oder kam es ihm nur so vor, als lege sich der feine Schleier auf sein Gesicht?

Er stand auf und streckte seine Arme so hoch wie möglich aus, aber er konnte den Rand der Brücke nicht erreichen, und jetzt legte sich ein feiner Schleier über seine Hände! Das Dunkel lichtete sich, denn das Blatt näherte sich dem Ende des Tunnels, und in diesem Dämmerschein konnte er erkennen, dass ein großes Netz vom Rande der Brücke bis zum Wasser gesponnen war.

Die beiden Schnecken auf dem Blatt fuhren einfach darunter hindurch.

Das war die letzte Gelegenheit, die sich ihm bot. Ohne lang zu überlegen, streckte er die Arme wieder aus, griff in das Netz und zog sich mit einem Klimmzug hoch. Er baumelte am Netz, die Füße noch im Wasser.

Er hatte gehofft, er könne von Masche zu Masche höher klettern, aber da hatte er sich geirrt. Die Fäden des Netzes waren nämlich ganz voll Leim, und daran klebte er fest: Er war in einen Spinnweb geraten.

Die Sonne ging unter, und dann wurde es bald Nacht.

Der Frosch Quork

Federchen saß am Rande des Wassergrabens. Sie hatte die Brille des kleinen Anders in der Hand und weinte leise vor sich hin. Der Hummelmann hatte sie allein gelassen, denn Federchen wollte an der Stelle bleiben, wo Anders ihrer Meinung nach ertrunken war. Ihre Augen waren rot vom Reiben, ihr weißes Röckchen war nass von Tränen, und an ihren weißen Pantöffelchen saßen schwarze Erdklumpen.

›Es ist meine Schuld, dass das alles passiert ist‹, dachte sie, und eine neue Tränenflut erschütterte ihren zarten Körper, ›alles meine Schuld! Denn ich habe ihn im Stich gelassen.‹ Sie drückte die Brille an sich und schluchzte, dass es einen Stein hätte erbarmen können. Traurig legte sie die Hände vor ihr bekümmertes Gesichtchen, und so konnte sie nicht sehen, dass dicht vor ihren Füßen ein Frosch seinen Kopf aus dem Wasser steckte. Das Tier fing plötzlich an zu blasen. Da quollen zu beiden Seiten seines breiten Mundes große Ballons auf, und er sang, so laut er nur konnte:

> *Quak, quak, brecke-breck,*
> *was verloren ging, ist weg.*
> *Quak, quak, brecke-breck!*

Der Frosch sang nicht weiter, weil er seine Ballons erst wieder aufblasen musste. Da hörte er ein feines Stimmchen, das rief ganz verzweifelt: »Ach, ach, Anders!«

»Wieso?« brummte der Frosch. »Wieso muss das anders sein? Was ist denn daran falsch?«

Er sah sich um und entdeckte ein kleines Mädchen, das eine Brille zärtlich an sich drückte. »Also, was muss an meinem Liedchen anders werden?«, fragte er energisch. »Der Text oder die Melodie? Wer sind Sie eigentlich? Haben Sie überhaupt Musikverstand?« Federchen hatte Frösche nicht sehr gern, sie waren ihr zu glitschig, aber hier ging es um mehr.
»Ach, Herr von Quak«, rief sie, »ich habe solchen Kummer. Hier ist ein ganz kleiner Junge ins Wasser gefallen. Können Sie nicht einmal nachsehen, ob er auf dem Grunde des Grabens liegt?«
»Ich heiße nicht von Quak, sondern einfach Quork«, sagte der Frosch, »und unten auf dem Grunde habe ich nichts Besonderes festgestellt. Wie ich schon in meinem Liede bemerkte – was verloren ging ist weg. Aber ich kann ja noch einmal nachsehen.«

Mit einem Plumps war er fort, und Federchen wartete voller Spannung. ›Vielleicht‹, dachte sie, ›vielleicht …‹
Da tauchte der Frosch wieder auf und schüttelte bedauernd den Kopf. »Nichts und niemand«, meldete er. »Wissen Sie denn genau, dass der Vermisste hier ins Wasser gefallen ist?«
Federchen nickte, rief dann aber: »Das heißt – ganz genau weiß ich das eigentlich nicht.«
»Na«, sagte der Frosch, »dann wird er wohl einfach nach Haus gegangen sein, und was mich betrifft, so muss ich weiter üben.« Und so begann er wieder mit seinem Liedchen.
Federchen dachte angestrengt nach. Vielleicht konnte Anders schwimmen. Da er nicht auf dem Grunde des Wassers lag, war er nicht ertrunken. Dann war er vielleicht ans Ufer geschwommen und an Land gegangen, irgendwohin, und sie musste ihn eben auf dem Lande suchen.
»Hallo, Herr von Quak«, rief sie.
»Quork, bitte, einfach Quork«, sagte er ärgerlich.
»Herr Quork, hat denn niemand hier den kleinen Jungen gesehen? Ich muss ihn finden. Ich habe doch seine Brille!«
»Woher soll ich das wissen?«, antwortete der Frosch. »Fragen Sie gefälligst in der Schneckenschule nach. Da weiß man alles, was Kinder betrifft. Aber mich lassen Sie jetzt bitte in Ruhe. Ich habe vor, beim Sommerabschieds-Konzert drei Soli zu singen, und wenn ich nicht ungestört üben kann, dann wird das ein Reinfall.«
»Huiii!«, sagte Federchen, und mit einem Schwung war sie über den Graben weg und flog davon, geradewegs zur Schneckenschule.
»Sapperlot und Fliegentod«, sagte der Frosch, »wer das nicht mit angesehen hat, der glaubt's nicht.«

Die Spinnenleiter

Lange Zeit hing Anders ganz still im Spinnennetz. Er konnte sich nicht erinnern, ob er darin eine Spinne gesehen hatte, als er auf dem Blatt der Wasserrose dem Ende der Brücke zu trieb. Er versuchte, durch das Dunkel nach oben zu spähen, konnte jedoch nichts erkennen. Wohl aber drangen aus dem Gewölbe geheimnisvolle Stimmen an sein Ohr. Was war das nur für ein Flüstern?
»Hin und her und her und hin, spinn, spinn, spinn! Sechsmal die Wurzel aus neun. Minus vier. Hin und her und her und hin. Siebenundachtzig weniger fünf. Eine Netzfalle mit Fangstricken. Neunundneunzig Beine lang ...«
Kalter Angstschweiß brach dem armen Kerlchen aus, denn eines wurde ihm jetzt klar: Das waren Stimmen von Spinnen. Sicher saßen an die hundert unter der Brücke, webten an ihren Netzen und rechneten und zählten. Jetzt vernahm er über sich ganz deutlich eine Stimme.

Her und hin und spinn, spinn, spinn!
Acht hinfort und vier im Sinn.

Da fiel ihm die Spinne Limali wieder ein, die er im Keller des Ameisenbergs kennengelernt und die wie ein schreckliches Untier ausgesehen hatte.
Nun war es ihm so, als hinge da in der Mitte des großen Netzes eine finstere Gestalt – aber das konnte auch eine Täuschung sein. Er ängstigte sich und wollte sich losreißen. Aber ihm fiel auch ein, dass er jede Bewegung vermeiden musste, um die Spinne nicht auf sich aufmerksam zu machen.

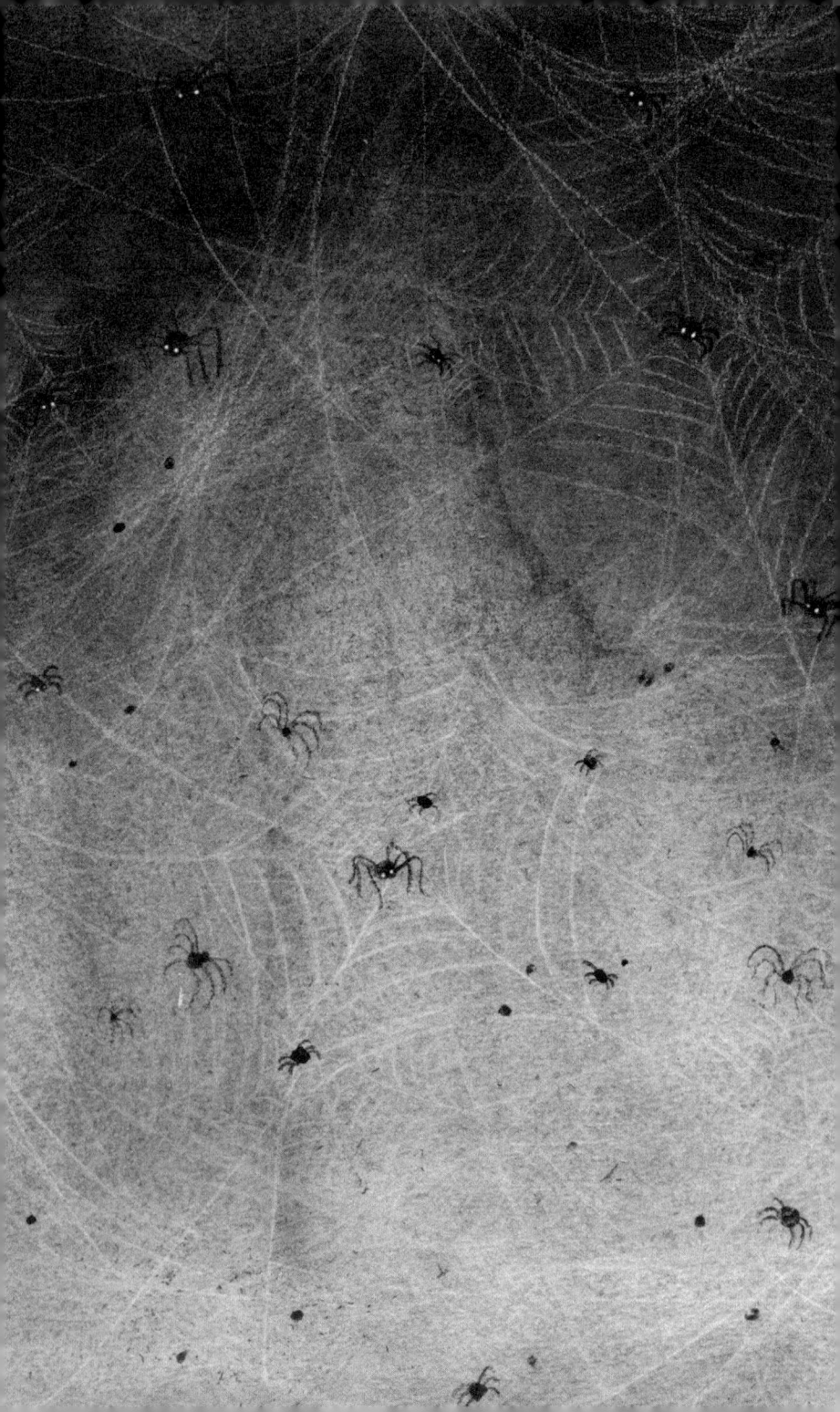

Ganz vorsichtig machte er sich daran, die Fäden mit seinen Fingern zu glätten, und die Schweißtropfen seiner Hände lösten den klebrigen Saft ab. Schon bekam er eine Hand ganz frei.
Doch das ergab nur eine schwache Möglichkeit, zu entkommen. Wollte er nicht im Wassergraben ertrinken, dann musste er an den Fäden des Netzes nach oben klettern und den Rand der Brücke erklimmen.
›Vielleicht sitzt doch keine Spinne drin‹, dachte er, ›oder sie schläft gerade.‹
Behutsam zog er sich hoch und setzte dann einen Fuß auf den untersten Faden. Mit dem zweiten machte er es ebenso. ›Ich muss mich beeilen‹, sagte er sich, ›ich muss oben sein, ehe meine Füße trocken sind, sonst kleben sie fest.‹
Vorsichtig, ohne eine hastige Bewegung zu machen, stieg er weiter und setzte Fuß vor Fuß, ängstlich darauf bedacht, ja nicht mit den Knien oder dem Bauch die klebrigen Fäden zu berühren. Als er aber die Hälfte seines Weges hinter sich hatte, sah er, dass er sich mit dem dunklen Fleck nicht getäuscht hatte: Da hing wirklich eine Spinne, ein schwarzes Ungeheuer. Es hatte seine acht Beine in das Netz gehakt und rührte sich nicht. Anders hielt den Atem an.
»Chrrr … chrrr« klang es. Deutlich hörte er es – die Spinne schnarchte. Noch zehnmal vorsichtiger als bisher bewegte sich Anders weiter. Er musste in einem großen Bogen um die Schläferin herumkommen. Aber das wurde umso schwieriger, je höher er kam, denn da konnte er nur auf die längs laufenden Fäden treten, und die klafften weit auseinander. So musste er große Schritte machen, und von ihnen erbebte das Netz.
»Chrrr …« schnarchte die Spinne. Aber sie schien unruhig zu werden, denn sie bewegte ein Bein. Anders verhielt sich mäuschenstill. Sein Herz klopfte. Er spürte es bis in seine Kehle.
»Chrrr … chrrr …«

Die Spinne schnarchte weiter, und Anders fühlte, wie der Atem der Schlafenden über sein Gesicht strich.
Zitternd wagte er den nächsten Schritt. Wieder bewegte sich das Netz. Aber die Spinne schien fest zu schlafen und nichts zu merken. Er war nun schon höher als das Tier, und damit hatte er das schwierigste Stück seines mühsamen Weges hinter sich. Er kam immer besser voran. Masche um Masche legte er zurück, höher und höher stieg er im Netz. Immer drangen die Stimmen der anderen Spinnen an sein Ohr und hallten von dem Brückengewölbe wider, das tintenschwarz über ihm stand.
»Fünf-, sechs-, sieben-, achtmal acht. Zieh stramm, halt fest und wieder zurück. Sechsmal zurück, siebenmal zurück. Achtmal sieben geradeaus und wieder zurück. Achtmal sieben …«
Anders kletterte nicht weiter. Er hielt den Atem an und horchte.
»Achtmal sieben«, so wiederholte die Stimme, »ist sechsundfünfzig, sechsundfünfzig.«
»Wie viel?«, fragte Anders ganz laut, ohne zu überlegen, was er tat, und das Echo antworte: »viel … viel …«
»Ist da wer?«, rief eine Stimme, und das Echo antwortete: »wer … wer …«
Anders gab keinen Laut von sich. Er hätte sich am liebsten selbst geohrfeigt, dass er sich so töricht benommen hatte, aber das war ja nun nicht mehr zu ändern. Wieder riefen die Stimmen durcheinander: »Wer ist da? Wer? Wer? Achtmal sieben ist sechsundfünfzig … fünfzig … sechzig … fünf …«
Das aufgeregte Geflüster verhallte. Als es wieder ganz still war, kletterte Anders weiter. ›Ist es nun sechsundfünfzig oder fünfundsechzig?‹, überlegte er.
Jetzt war er bis an den obersten Faden gekommen. Außerhalb des Brückengewölbes wurde es ein wenig heller, denn die allerersten Strahlen der Morgensonne brachen durch. Anders sah, dass die

Zweige eines Busches über den Rand der Brücke hingen. Wenn er einen von ihnen zu fassen bekäme, könnte er an ihm hochklettern und wäre gerettet.

Er streckte seinen Arm aus, aber er erreichte den Zweig nicht. Nur noch einen Schritt höher, dann müsste es glücken. Er zählte bis drei. Dann wollte er auf den obersten Faden treten, seine Hände vom Netz lösen und nach dem Zweig greifen. Aber als er »Drei!« gesagt hatte und den entscheidenden Schritt tun wollte, bekam er seinen Fuß nicht los – er klebte wieder fest, weil seine Schuhe mittlerweile trocken geworden waren.

Verzweifelt riss und zog er mit aller Kraft, und tatsächlich gelang es ihm, sein rechtes Bein loszubekommen. Aber dabei geriet das ganze Netz in eine solche Bewegung, dass die Spinne aus dem Schlaf auffuhr. In einem Satz war das dicke Tier bei Anders, und ehe er sich's versah, hielt die Spinne ihn mit zwei Beinen umklammert und rief: »Hab' ich dich!«

Anders konnte nicht einmal um Hilfe rufen. Er vermochte kaum zu atmen, so fest hatte die Spinne ihn gepackt. Sie sah ihn aus ihren vier schwarzen Augen durchbohrend an.

»Essbar oder ungenießbar?«, murmelte das Untier und drehte Anders ein paar mal hin und her, um ihn gründlich zu besehen.

»Lassen Sie mich los!«, stöhnte Anders.

Die Spinne kicherte. »Loslassen soll ich dich? Und dich den Fischen überlassen? Ich denke ja nicht daran!« Sie schleppte ihn in die Mitte ihres Netzes und klebte ihn dort fest.

»So«, ächzte sie, »und nun erzähl mir einmal, wer du bist und wo du herkommst. Denn etwas Besonderes bist du, das sehe ich schon.«

»Ich … ich bin Anders«, stotterte er und musste an das Gespinst denken, in dessen Fäden er gehockt hatte, und an den Schmetterling Juliana. Das brachte ihn auf einen Gedanken.

»Wie gesagt, mein Name ist Anders, und ich bin ein Doktor.«

»Wirklich?«, fragte die Spinne misstrauisch. »Ein richtiger Doktor?«
»Jawohl. Und ich habe erst neulich einer Spinne das Leben gerettet. Von der berühmten Limali werden Sie gehört haben.«
»Die ist doch schon lange tot!«, sagte die Spinne verächtlich.
»Kein Wort davon ist wahr«, sagte Anders, »sie ist nicht tot, sie ist erblindet und wohnt bei den Waldameisen.«
»Sie lebt noch?«, fragte die Spinne erstaunt, »und blind – wie schrecklich! Und du hast sie geheilt?«
»Nicht direkt«, gab Anders zu, »ihre Augen waren schon ganz weiß, von den Hornissenstichen. Da konnte ich nichts mehr machen.«
»Du bist ja ein schöner Doktor«, sagte die Spinne.
»Ich habe ihr immerhin dazu verholfen, dass sie wieder laufen kann.«
»So?«, sagte die Spinne. »Was hatte ihr denn gefehlt?«
»Tja«, antwortete Anders verlegen, »wie soll ich Ihnen das erklären?«
»Hatte sie vielleicht den Rheumatismus? Schmerzen in den Gelenken, hier oder da oder in den Knochen? Hier zum Beispiel?« Das Tier zeigte mit einem seiner linken Füße auf seine Gelenke. »Darunter leide ich nämlich auch. Es kommt wohl von der Feuchtigkeit unter der Brücke. Könnten Sie mir da vielleicht helfen, Herr Doktor?« Anders bekam einen roten Kopf.
»Tja«, sagte er, »das kann ich natürlich.«
»Gibt es da vielleicht eine gute Salbe?«
»Nein«, erklärte Anders, »mit Salben ist da nichts zu machen. Da muss ein Verband her.«
»Und der hilft?«
»Allerdings, jawohl«, sagte Anders, und sein Herz klopfte immer wilder. »Aber dafür müssen Sie mich losmachen. Dann werde ich Ihnen einen Verband holen.«
»So, so«, sagte die Spinne, »und wo wollen Sie den hernehmen?«

»Oben auf der Brücke kann ich ihn bekommen«, sagte Anders.
Die Spinne kicherte: »Dann werde ich ihn holen.«
»Aber sie können ihn gar nicht finden«, sagte Anders rasch.
»Dann gehen wir zusammen hin«, entschied das misstrauische Tier. »Komm nur, Doktorchen! Ich bin mit von der Partie, denn sonst gehst du mir am Ende durch die Lappen.«
Die Spinne weichte den Jungen von den klebrigen Fäden ab, hielt ihn mit ihren vorderen Beinen fest und stieg nach oben.
»Au!«, schrie sie mit einem Mal, »da kriege ich doch wieder so einen Hexenschuss – links in der Mitte. Da sitzt es immer. Au … au … au … Los, weiter mit dir!«
»Aber ich klebe ja fest!«, rief Anders.
»Au, au«, stöhnte die Spinne, »und dagegen hast du nichts bei der Hand, Doktorchen?« Sie schmierte ihm etwas Glitschiges auf Hände und Füße. Anders spürte, dass er nicht mehr an den Fäden festsaß.
»Pass nur auf, dass du nicht ins Wasser fällst«, warnte die Spinne, während er weiterkletterte, »das wäre ja schade um dich.«
Inzwischen war es hell geworden, denn die Morgensonne war aufgegangen, und als sie an den oberen Rand des Netzes kamen, merkte Anders, dass er sich im Halbdunkel getäuscht hatte: Der überhängende Zweig war doch weiter weg, als er angenommen hatte. Die Spinne kicherte wieder.
»Ein einziger Faden ist für das gelehrte Herrchen nicht sicher genug«, sagte sie bösartig, »für deine merkwürdigen Füße muss ich wohl eine kleine Leiter liefern. Eins, zwei, hopp!«
Sie warf einen dünnen silbernen Faden aus, der im Licht der Sonne glitzerte und sich um den Zweig schlang. »Das wäre Nummer eins«, sagte sie.
Anders musste sich gut festhalten, denn das Netz schaukelte hin und her.

»Hoppla!«, rief sie, »das wäre Nummer zwei!« Damit hatte sie noch einen Faden neben den ersten ausgeworfen. »Ich warte auf dich«, sagte sie, und rücklings an den beiden Fäden hängend, kletterte sie weiter und zog immer mehr Querfäden, sodass eine feine Strickleiter entstand.

Langsam stieg Anders an ihr hoch. Ihm war bänglich zumute. Unter ihm floss das schwarze Wasser, oben wartete die Spinne auf ihn, und die silbernen Fäden kamen ihm auf einmal hauchdünn vor. Kaum hatte er den ersten Schritt getan, da ging das Geflüster und Gewisper wieder los.

»Das ist er! Wo will er hin?« Eine dritte Stimme kreischte: »Das ist der achtmal sieben!«

Auch unter der Brücke war es nun hell geworden, und jetzt konnte Anders die Spinnen sehen. Sie hingen an großen Netzen und in kleinen, von denen manche liederlich gewebt waren, während andere wahren Kunstwerken glichen. Die Tiere saßen in staubbedeckten Netzen oder schwebten in lose hängenden Fäden oder hockten in Löchern des Brückengewölbes. Er sah schwarze Spinnen, dicke Kreuzspinnen, giftige kleine, die ganz gelb waren, und daneben große braune mit Haken an den Pfoten. Und fortwährend war das dieses Gewisper und Geflüster: »Ein fetter Bissen! Lasst ihn nicht entwischen! Haltet ihn fest! Hakt die Leiter los! Beißt sie durch! Auf ihn!«

Anders dachte, seine letzte Stunde hätte geschlagen. Er zitterte so, dass er um ein Haar von der Leiter gefallen wäre, als er versuchte, rascher voranzukommen. Schon war der Zweig nicht mehr weit.

»Los doch!«, hetzten die Stimmen, »die alte Smals reißt alles an sich!«

Anders sah, wie eine dunkle Spinne, die an dem steinernen Bogen hockte, ihre Beine zu einem Sprung zusammenzog. Das Tier hielt ein Fangseil bereit und sah giftig auf den Jungen. Die anderen Spinnen feuerten sie an: »Los doch, Glil! Du kriegst ihn! Zwei Quadrat und drei plus eins! Dein Faden reicht aus, viermal so weit! Spring!«

In dem Augenblick steckte Smals (so hieß die Spinne, die oben auf ihn lauerte) ihren Kopf über den Rand der Brücke. »Hört auf damit!«, schrie sie, »das ist mein Doktor!«

Die bösen Stimmen lachten höhnisch: »Ein Doktor … dok … dok … dok!« In diesem Augenblick sprang Glil auf die Leiter los. Anders schrie auf. Aber ehe er wusste, wie ihm geschah, sprang Smals herzu, ging auf Glil los, biss ihr ein Bein ab und warf die Spinne in die Tiefe. Das lange Fangseil wirbelte hinter der Stürzenden her wie ein Spinnwebfaden des Altweibersommers.

Ohne lange zu fackeln, packte Smals nun den Jungen um den Leib und schleppte ihn mit nach oben. Sie lief über die letzten Fäden ihres Netzes, dann den Zweig entlang und bis auf die Brücke.

»Au, au!«, stöhnte da die Spinne wieder. »Mein Hexenschuss!« Und mit diesen Worten ließ sie Anders ins Gras fallen, das oben auf der Brücke wucherte.

Die drei Kinder

»So«, sagte die Spinne, »und jetzt will ich den Verband sehen.«
»Ja ... ähm ... natürlich ...«, stotterte Anders, »also das ist ein ganz besonderer Verband. Ganz speziell für den Rheumatismus – ich meine, gegen heftige Schmerzen in den Gelenken. Er ist heilkräftig, verstehen Sie?«
»So«, sagte die Spinne, »und wo ist er?«
Auf der Brücke wuchs nicht nur der Busch, über dessen Zweige sie gekommen waren, sondern im Gras, das dort wucherte, standen auch Löwenzahn, Hahnenfuß und Kälberkraut. Es war eine richtige Bauernbrücke.
»Der Verband muss immer frisch angefertigt werden«, sagte Anders und sah sich nach langen und zähen Grashalmen um. Die zog er dann vorsichtig aus dem Boden.
»Gras ist doch nichts Besonderes«, sagte die Spinne, die ihm misstrauisch zusah.
»Dieses doch«, sagte Anders, »dieses Gras ist Brückengras. Das ist ausnehmend stark. Das hilft. Das hält was aus. Ich meine, das hilft Ihnen.«
Sie brummte etwas. Rasch fuhr er fort.
»Brückengras enthält zauberische Säfte«, und während er sie nebeneinander ausbreitete, ordnete er an: »Nun legen Sie sich mal schön hin und strecken Sie Ihre Beine aus!« Ächzend ließ die Spinne sich auf den Bauch fallen.
»So ist es gut«, lobte er. Er wickelte den ersten Halm um den linken Vorderfuß der Spinne und machte den Verband mit einer zähen Wurzel fest.

»Das wäre Nummer eins«, bemerkte er gewichtig, nahm dann das rechte Vorderbein vor und danach das zweite linke Bein.
»Au!«, schrie die Spinne auf. »Seien Sie vorsichtig, Herr Doktor! Genau da tut's mir weh.«
»Das glaube ich gern«, sagte er, »passen Sie auf, gleich wird's besser.«
Er umwickelte ihre Glieder weiter, musste dafür aber seinen Kopf über den haarigen Körper der Spinne beugen.
›Sie kann dich packen und totbeißen‹, dachte er besorgt, machte aber entschlossen weiter: zweites rechtes Bein, linkes Hinterbein, rechtes Hinterbein, linkes hinterstes Bein und so weiter.

Zuletzt legte er das rechte hinterste Bein in Fesseln. Nun noch eine feste Wurzel für den Abschlussknoten – fertig! Da lag die böse Spinne Smals wehrlos da und konnte kein Bein mehr rühren.

»Und was wird jetzt?«, fragte sie.
»Jetzt sagst du mir«, rief Anders vergnügt, »wie viel achtmal sieben ist, sechsundfünfzig oder fünfundsechzig?«
»Kennen Sie den Kniff nicht?«, sagte die Spinne. »Ganz einfach: acht, sieben, sechs, fünf – *acht*mal *sieben* ist *sechs*und*fünf*zig.«
»Hurra, jetzt weiß ich Bescheid!«, rief er übermütig. »Das kann ich mir merken! Und wie viel ist neunmal sieben?« Er zitterte vor Aufregung, denn wie viel zehnmal sieben ist, das wusste er, und gleich hatte er also das ganze Einmaleins beisammen. Dann konnte der Große Zauberer kommen.
»Erlauben Sie mal«, sagte die Spinne verwundert, »weshalb fragen Sie mich danach? Sie sind ein Gelehrter und kennen das kleine Einmaleins nicht?«
»Puh!«, rief Anders. »Ich bin überhaupt kein Doktor. Ich hab' dich schön an der Nase herumgeführt. Und wenn du mir nicht auf der Stelle sagst, wie viel neunmal sieben ist, dann werfe ich dich ins Wasser!«
Die Spinne bebte vor Wut. Sie versuchte, zum Sprung anzusetzen, aber sie konnte ja kein Glied mehr rühren und kam von der Erde nicht mehr hoch.
»Arrrg ...«, fauchte sie.
Es gruselte Anders, aber er nahm einen Stock und schob das ungelenke Tier auf den Rand der Brücke zu.
»Wie viel ist neunmal sieben? Los, sag es mir!«
Die Spinne versuchte, sich zu wehren, und nahm alle ihre Kräfte zusammen. Aber mit ihren gefesselten Beinen konnte sie nur über den Boden rutschen, und Anders schob sie langsam weiter.

»Barmherzigkeit!«, rief Smals. »Seien Sie doch friedlich, Herr Doktor! Machen Sie mich los, und ich tue Ihnen nichts. Sie haben mir sehr geholfen – von dem Hexenschuss spüre ich überhaupt nichts mehr. Sie sind ein großer Doktor, ein gelehrter Herr Arzt, ein Professor –«
»Neunmal sieben?«, rief Anders, »oder ich –«
»Nein! Nein!«, schrie sie. »Ich sage es Ihnen ja. Neunmal sieben ist –«
In dem Augenblick war ein wilder Lärm zu hören. Dröhnende Schritte von gewaltigen Riesen näherten sich, dazu lautes Geschrei. Blitzschnell versteckte sich Anders hinter einem Büschel Löwenzahn, und die Spinne war vergessen.
Immer näher kam das Getobe. Kinder kamen ausgelassen auf die Brücke zugerannt. Es waren die Kinder Rainer, Michel und Ännchen, die bei einer Tante einen Tag auf dem Land zubrachten. Sie sprangen, hüpften, rannten und schrien. Sie pflückten Blumen, sie spielten Fangen, und nun erreichten sie die Brücke.
»Seht mal«, rief Ännchen, »was für ein schöner Strauß!«
Sie wollte das Löwenzahnbüschel mit den vielen Blüten haben und riss es mit der Wurzel ab, an der ein ganzer Ballen Lehmboden saß. Die Kleine brach die Stängel ab und warf den Rest mit dem Ballen in einem hohen Bogen in die Luft. Sie ahnte ja nicht, dass auf dem Erdklumpen ein klitzekleiner verzauberter Junge saß, und die beiden Buben sahen nichts von der Spinne, die am Rande der Brücke lag und damit beschäftigt war, die Grashalme zu durchbeißen, mit denen sie jemand umwickelt hatte.
Lärmend liefen Rainer, Michel und Ännchen weiter. Vielleicht würden sie ja irgendwann einmal etwas darüber hören, was sich da auf der Brücke abgespielt hatte. Oder es in einer Geschichte lesen …

Die Grille

Anders war in einem großen Bogen durch die Luft geflogen und auf einem Blatt der Krauseminze gelandet. Da saß er nun ganz behaglich, als er eine Stimme vernahm.
»Kommst du endlich? Wir fangen sofort an. Achte auf den Takt und zähle genau. Vier, eins zwei, drei!«
»Was soll ich denn machen?«, fragte Anders.
Ihm gegenüber saß eine Grille, die einen Arm wie eine Geige ausstreckte und einen anderen als Fiedelbogen hielt.
»Was wir machen?«, rief die Grille ärgerlich, während sie ihre Arme sinken ließ. »Natürlich die Sinfonie in B wie Beere! Also: vier, eins, zwei, drei.« Sie fuhr mit ihrem linken Arm über den rechten, als ob sie Geige spielte. Aber man hörte nur Zirp … zirp … zirp!
»Geht das denn?«, rief Anders erstaunt.
»Was ist mit dir los?«, zankte die Grille. »Weißt du nicht mehr, wie du spielen musst? Streich los!«
Anders fuhr mit einem Arm über den andern, aber die Ärmel seiner Jacke gaben nur ein mattes Geräusch.
»Was soll das denn sein?«, zankte die Grille wieder. »Hast du deinen Kamm nicht gestimmt?« Sie streckte ihre Fühler aus und betastete die Arme des Kleinen. »Hallo!«, rief sie. »Du bist ja jemand ganz anders! Ich warte hier auf einen Kollegen, aber wer bist du denn?«
»Das siehst du doch«, sagte Anders.
»Bis jetzt noch nicht. Am helllichten Tag hältst du dir doch wohl auch die Augen zu. Oder willst du vielleicht nur weiße Flecken vor den Augen haben und Kopfschmerzen, als ob dir dein Schädel platzt?«

»Das verstehe ich nicht«, sagte Anders.
»Nun sag mir doch nur: Wer bist du eigentlich?«
»Anders«, sagte Anders.
»Das habe ich ja allmählich schon begriffen. Wie ist denn dein lateinischer Name?«
»Wie bitte? Von einem lateinischen Namen weiß ich nichts.«
»Lieber Himmel!«, seufzte die Grille. »Bist du ein Gryllus? Ein Gryllus domesticus? Oder ein ganz gewöhnlicher Stenobothrus bicolor?«

Anders sah sie bedrückt an. »Ich kann kein Latein«, sagte er leise.
»Na«, sagte sie, »dann lass mal deine Hinterbeine hören. Vielleicht klingen die besser.«
»Wie bitte?«
»Streichen!«, befahl die Grille.
Anders legte sich auf den Rücken, hob seine Beine und rieb sie gegeneinander. Seine Hosenbeine waren von Rippelsamt und gaben ein stärkeres Geräusch her als seine Jackenärmel, aber auch damit war die Grille nicht zufrieden.
»Das ist nichts wert«, sagte sie, »du bist auch kein Grashüpfer, das höre ich schon. Wie bist du denn da nur durch die Luft geflogen?«
Anders erzählte seine Geschichte, und als er damit fertig war, bemerkte sie: »Das geht mich alles gar nichts an. Wenn du einer bist, der nicht musizieren kann, und wenn mein Kollege nicht kommt, dann sitze ich mit meinem Duo schön in der Patsche.«
»Duo?«, fragte Anders.
»Ja, Duo!«, rief sie ungeduldig, »bei unserem Sommerabschieds-Konzert Da wollten wir zu zweit auftreten. Jetzt kann ich nur noch im großen Orchester mitspielen.«
»Das tut mir leid«, sagte Anders, »vielleicht könnte ich etwas singen.«
»Singen? Singen? Was ist das nun wieder?«, fragte sie missvergnügt.
»Ganz einfach«, sagte Anders, »Hör mal zu!« Und dann sang er ihr vor:

> *Guter Mond, du gehst so stille*
> *durch die Abendwolken hin.*

Die Grille breitete ihre Fühler weit aus.
»Ohhh!«, rief sie aus. »So etwas habe ich noch nie gehört! Das ist

ja wunderschön und so ergreifend. Das nennt man *singen*? Mit welchen Beinen machst du denn das?«
»Mit meinem Mund. Oder eigentlich mit meiner Kehle.«
»Das ist das Tollste, was ich je gehört habe!«, rief die Grille. »Mit dem Mund! Mit dem isst du doch!«
»Ja«, sagte Anders.
»Sing noch etwas«, bat die Grille.
Anders sang »Freut euch des Lebens«, alle acht Strophen, und dann »Mariechen saß auf einem Stein«. Auf einmal fing die Grille an zu zirpen, und sie begleitete die feine Singstimme des Jungen genau im Takt. Es war eine Lust, das anzuhören. Als sie zu Ende waren, rief die Grille ganz begeistert: »Wollen wir nicht zusammen auftreten? Das Konzert ist heute Abend.«
»Ach«, sagte Anders, »das traue ich mir nicht zu. Kommen da viele Menschen? Ich meine, viele Tiere?«
»Viele?«, rief die Grille. »Da kommt alles, was Beine und Flügel hat. Was denkst du denn? Da nehmen wir Grastiere Abschied vom Sommer, und dann sehen wir uns erst im nächsten Frühjahr wieder, oder auch nicht.«
»Wieso?«, fragte Anders.
»Sieh mal«, sagte die Grille, »es wird doch nun kälter. Die Sonne steht jeden Tag etwas tiefer. Das heißt, der Winter kommt, die Eiszeit. Wer kann da noch leben? Manche verkriechen sich im Schlamm. Bei anderen wächst eine Hülle um ihren Leib, und da können sie schlafen, bis die Kälte vorbei ist. Aber die meisten müssen sterben. Die Eier sind gelegt, aber unsere Kinder kommen erst nach dem Winter heraus. Ist das Abschiedskonzert vorbei, dann verschwinden wir alle ein bisschen.«
»Wie traurig«, sagte Anders leise.
»Was tust du denn?«, fragte die Grille. »Verkriechst du dich in der Erde oder bist du kein Überbleiber?«

»Ich?«, fragte Anders erschreckt. »Ich weiß es nicht.« So genau hatte er noch gar nicht darüber nachgedacht, und es stand ihm drohend vor Augen, dass es mit dem Winter bald ernst wurde. Wenn er den Großen Zauberer nicht rechtzeitig antraf, dann würde er nicht mit dem Leben nicht davonkommen.
»Wollen wir nicht noch ein bisschen proben?«, fragte die Grille. »Du machst doch mit, oder? Das Abschiedskonzert ist eine gewaltige Sache.«
Anders nickte, denn er dachte: ›Wenn ich heute Abend bei dem Konzert nicht jemanden finde, der mir sagen kann, wie viel neunmal sieben ist, dann ist es zu spät.‹

Das Sommerabschieds-Konzert

Die Sonne stand nur noch eine Handbreit über dem Horizont und war schon dabei, die Gardinen zuzuziehen. Ihr Lichtschein fiel wohl noch auf die Erde, aber ihr Gesicht ließ sie nicht mehr sehen, und es wurde langsam dunkel. Aus dem Wassergraben stieg hier und da ein dünner schlohweißer Nebel auf, und auf der anderen Seite war plötzlich der Mond zu sehen – wie eine große Taschenuhr hing er am Himmel.

Im Gras wurde es langsam kühl. Kein Geräusch war mehr zu hören, als ob jedes Lebewesen den Atem anhielte. Im Sommer quaken die Frösche und singen die Mücken, aber jetzt im Herbst blieb es ganz still.

Wer freilich sein Ohr an das Gras gelegt hätte, der hätte das Geräusch von vielen tausend kleinen Schritten gehört. Alle waren sie unterwegs zu einer Stelle mitten in den Wiesen, wo ein knorriger alter Baum stand.

Käfer, Grashüpfer, Grillen, Ameisen, Mücken, Fliegen und noch hundert andere Arten krochen, sprangen oder flogen zum gleichen Ziel und setzten sich dann unter den Baum, an dessen Ästen und Zweigen sich kein Blatt bewegte.

Als es Nacht geworden war, der Sternenschwan hoch am Himmel nach Westen flog, der Sternenwagen im Norden stand und der Mond von Süden her durch das Geäst schimmerte, kroch ein alter Frosch nach vorn. Er hob seine Hand, in der er ein Schilfrohr als Taktstock hielt, und rief: »Eins, zwei, drei!« Da begannen Tausende von feinen Stimmchen zu singen, hohe Stimmen und tiefe, piepende und knarrende, helle und dunkle:

Hier sitzen wir, hier sitzen wir.
Der Sommer ist vorbei.
Hier singen wir, hier singen wir,
viertausend an der Zahl.
Zum letzten Mal, zum letzten Mal.
Dann sind wir auch vorbei.

Die Stimmen verhallten, und der alte Frosch sprach: »Dies ist der letzte schöne Abend in diesem Jahr. Morgen kommen der Sturm und das schlechte Wetter, da müssen wir verschwinden. Deshalb findet heute Abend unser Sommerabschieds-Konzert statt. Nach unserem gemeinsamen Gesang folgen nun die Soli.« Er sah die Reihen entlang und rief dann: »Madame Zudaniaraiska!«

Eine dicke Brummfliege trat vor. Sie hatte sich einen Schleier umgetan, der mit winzigen weißen Blüten besetzt war, und auf ihrem Bauch hatte sie ein Maßliebchen angebracht, sodass jeder sah, dass sie eine erstklassige Künstlerin war. Sie ging aufrecht, kehrte sich der lauschenden Menge zu und begann ein wehmütiges Lied:

Ich wurde geboren im blauen Wald,
und man sagte mir, wo ich sterben sollt'.
   Im fernen Wald von Drachenstein –
      die Reise sollte mein Leben sein.

Das Lied war aus. Madame Zudaniaraiska riss das Maßliebchen ab, warf den Blumenschleier auf den Boden und flog mit summenden Flügeln davon, während sie ein betäubender Beifall umrauschte und viele Stimmen ihr nachriefen: »Leb wohl! Leb wohl!«

Als sie im Mondlicht verschwunden war, verkündete der alte Frosch: »Nunmehr folgt Znjep!« Ein pechschwarzer Käfer bestieg einen Grashalm, hielt sich mit einer Hand fest und fing an zu jodeln:

> *Jodela-hi, jodela-hee,*
> *ich glaube nur, was ich seh'.*
> *Jodela-hee, jodela-hi,*
> *heut bin ich so froh wie noch nie.*
> *Kommt Kälte, kommt Sturm oder Schnee,*
> *ich jod'le! Jo-hi und jo-hee!*

Er wurde sehr belacht, und er sprang vergnügt zur Erde, verbeugte sich vielmals und verschwand dann im Dunkel.

Nach ihm trat die Mücke Fräulein Liliridi als Sängerin auf. Ihr Sopran erreichte ein so hohes C, dass es keiner der Zuhörer mehr hören konnte und der Beifall zu früh einsetzte. Dann kam Frau Floppejol, ein kleiner Nachtschmetterling. Aber mitten im Singen überwältigte sie ein hemmungsloses Weinen, weil sie ihr ganzes Leben lang hinter dem verschlossenen Fenster einer Scheune zugebracht und erst heute eine offene Tür entdeckt hatte. Der Frosch Quork erzielte mit seinem Lied tosenden Applaus, und nach ihm trat der Hummelmann Herr Brommel auf. Langsam kam er nach vorn. Er war alt geworden. Die Haare auf seinem Kopf waren ungepflegt und grau, und er fuhr sich immer wieder mit seinen Fühlern über die Augen. Mit brüchiger Stimme begann er.

> *Das Leben ist kurz und hart die Not.*
> *Nicht immer gibt es Honig aufs Brot.*
> *Keine Blumen, bitte, bei meinem Tod.*

Da wurde es ganz still, und summend flog der Hummelmann davon und verschwand in den Ästen des großen Baumes.
Der Frosch räusperte sich und rief dann: »Frau Juliana!« Mit sanft wiegenden Flügeln kam der Schmetterling nach vorn und setzte sich auf die oberste Spitze eines Grashalms. Der Mond warf einen zarten Schatten auf den Boden, und Juliana sang:

> *Oh liebe, liebe Luft,*
> *oh süßer Blumenduft!*
> *Die Tage und Nächte, ich seh' sie vergehen,*
> *doch keins meiner Kinder kann ich hier sehen.*
> *Sie treten erst nächstes Jahr auf den Plan.*
> *Doch sagt es mir, sagt mir: Wo bin ich dann?*

Sie sang ihr Lied mit leiser Stimme, und während des Beifalls blieb sie noch zitternd auf dem Halm sitzen. Dann flog sie würdevoll davon.
Der alte Frosch sah ihr nach, in Gedanken verloren. Doch dann kehrte er sich wieder dem Publikum zu und machte die nächste Ansage.
»Es folgt ein Schneckenchor der Damen mit einer ganz besonderen Attraktion.« Daraufhin krochen Fräulein Hak und Fräulein Hok nach vorn, und die Zuhörer flüsterten: »Die Attraktion ist sicher Fräulein Hik. Vielleicht erscheint sie im Brautkleid!« Wirklich folgte den beiden jemand in Weiß, aber mit tänzelnden Schritten, was doch für eine Schnecke sehr merkwürdig gewesen wäre. Es war dann auch keineswegs Fräulein Hik, sondern Federchen.
»Damenchor mit einem Solo!«, rief der Frosch, und sofort fingen die beiden Schneckendamen zu singen an, Dididom – dididom – dididom, während das kleine Mädchen in dem weißen Röckchen und den weißen Pantöffelchen mit heller Stimme sang: »Seht an

der Brücke steht Jakobs Braut!« Aber kaum hatte sie das schöne Lied begonnen, da erscholl ein lauter Schrei: »Federchen!«
Die Kleine sang nicht weiter. Sie breitete ihre Arme aus und rief: »Anders!«
Mit einem gewaltigen Satz kam nämlich aus der hintersten Reihe ein Grashüpfer nach vorn gesprungen, und auf seinem Rücken trug er einen klitzekleinen Jungen. Es sprang ins Gras, lief auf das Mädchen zu und umarmte es.
»Federchen!«
»Anders!«
Mehr sagte Federchen nicht, aber es war auch nicht nötig. Unter den Grastieren aber entstand eine große Bewegung. Böse Stimmen riefen: »Was soll das heißen?«, und der Frosch lief zu Federchen und Anders hin.
»Nur einer allein!«, rief er. »Es darf nur die angesagte Nummer auftreten, sonst gibt es ein heilloses Durcheinander. Jeder geht auf seinen Platz!« Aber die beiden kümmerten sich überhaupt nicht um ihn.
»Oh Anders«, rief sie, »wo bist du so lange gewesen?«
Und Anders rief: »Federchen, wo bist du so lange gewesen?«
»Ich habe es schon einmal gesagt!«, rief der Frosch. »Immer einer nach dem andern!« Vor Ärger schwoll sein dicker Kopf erschreckend an.
»Das ist ein Skandal!«, sagten die Schneckendamen voller Empörung. »Das Mädchen und der Junge verderben alles. Schlechte Schüler! Sie taugt nichts und er noch weniger!« Aber der Grashüpfer trat für die Angegriffenen ein.
»Meine Damen«, rief er, »die beiden haben viel durchgemacht. Ich weiß das. Wir sollten uns freuen, dass sie sich wiedergefunden haben, und ich schlage vor, sie singen uns zusammen etwas vor!«

»Ja!«, riefen Anders und Federchen. »Hipp-hipp-hurra! Wir singen zusammen!«

Sie ließen einander los, wandten sich dem Publikum zu und sangen zuerst die Nationalhymne ihres Landes.

Ein solches Lied hatten die Tiere noch nie gehört und fanden es großartig. Dann sangen sie »Ein Männlein steht im Walde«, und darauf folgten alle Weihnachtslieder, die sie kannten. Der Grashüpfer zirpte dazu im Takt, und es dauerte nicht lange, da summten auch die Schneckendamen mit. Nach jedem Lied wurde geklatscht, und die Zuhörer riefen: »Bravo! Bravo!«

Zum Schluss wiederholten sie die Nationalhymne, und alle, alle stimmten mit ein. Dazu stampften sie mit den Füßen, schlugen die Hände zusammen und klappten mit den Flügeln. Anders und Federchen verbeugten sich immer wieder, und dann kam ein Tier nach dem anderen zu ihnen, um sich zu verabschieden, und alle sagten, dies sei das schönste Sommerabschieds-Konzert gewesen, das jemals gefeiert worden sei.

Die Käfer, die Grashüpfer, die Mücken und alle anderen krochen und sprangen und flogen davon.

»Adschüss«, sagte auch der Grashüpfer, der Anders hergebracht hatte. »Es war noch schöner, als wir es gehofft hatten!«

»Ach«, bemerkten die beiden Schneckendamen. »Singen lernt man nicht in der Schule, sondern im Leben, wenn einem das Herz danach ist. Aber das Leben ist nur ein großer Abschied. Auch von Hik und ihrem Jakob haben wir nie wieder etwas erfahren.« Langsam krochen sie davon.

Schließlich stand da nur noch der alte Frosch.

»Nun hat niemand mein Lied gehört«, sagte er betrübt. »Als ich an die Reihe kam, waren schon alle fort. Ich hätte mich ja vordrängen können, aber das tut man nicht.«

»Dann sing doch dein Lied für uns«, sagte Federchen.

»Wollt ihr denn zuhören?«
»Aber sicher«, sagte Anders.
Das alte Tier begann sein Lied, jedoch war seine überanstrengte Stimme heiser und zitterig.
»Sieben Fröschchen saßen mal –« sang er, da unterbrach ihn Anders.
»Sieben!«, schrie er, »sieben!« Der Junge raufte sich das Haar. »Jetzt habe ich ganz vergessen, jemanden zu fragen, wie viel neunmal sieben ist! Ach, Federchen, was mache ich jetzt? Alle sind fort!«
Das Mädchen sah Anders mit großen Augen an. »Neunmal sieben«, sagte Federchen ganz erstaunt, »kannst du denn das Einmaleins mit der Sieben schon so weit?«
»Ja«, jammerte Anders, »nur neunmal sieben brauche ich noch. Das ist das Letzte, denn zehnmal weiß ich.« Er wandte sich an den Frosch. »Ach bitte, nehmen Sie es mir nicht übel. Wissen Sie es? Dann sagen Sie mir doch bitte: Wie viel ist neunmal sieben?«
Aber der alte Frosch antwortete ihm nicht. Er rührte sich nicht mehr. Er hatte sich überanstrengt.

Der Stärkere

Der Mond war hinter dicken Wolken verschwunden, und der Wind kam auf. Er wurde stärker und stärker und steigerte sich zu einem Sturm, der die gelben Herbstblätter von den Ästen des knorrigen Baums abriss und weithin verstreute. Dann begann es zu regnen.
Anders und Federchen hatten einander an den Händen gefasst und suchten fortzukommen. Es war so dunkel, dass sie fast nichts mehr sehen konnten, und sie hielten ihre Köpfchen nach unten, weil der Regen so heftig in ihre Gesichter fuhr. Sie strauchelten über Wurzeln, kamen endlich an den Fuß des dicken Stamms und fanden dort eine kleine Höhlung, in der sie unterkriechen konnten und gegen den Wind geschützt waren.
»Hier wollen wir bleiben, bis es Tag wird«, sagte Anders.
»Ja«, sagte Federchen. Sie zitterte vor Kälte und Müdigkeit. Die beiden kauerten sich hin und hörten auf den Regen, der auf ihr Schlupfloch schlug, und auf den Sturm, der in den Ästen heulte.
Nach einer Weile sagte Federchen: »Ich habe dir etwas mitgebracht. Hier!« Sie drückte ihm die Kostbarkeit in die Hand.
»Meine Brille!«, rief er und setzte sie sich auf die Nase. »Wo hast du die denn her?«
»Gefunden«, sagte Federchen, »am Wassergraben.«
Anders musste nachdenken. »So lange ist das schon her«, meinte er, »und die ganze Zeit hast du sie bei dir gehabt. Lieber Himmel, so lange hast du mich gesucht?«
»Ich dachte doch, ohne deine Brille könntest du nichts lernen, und ich wollte dir helfen.«
»Ich komme auch ohne Brille gut aus«, sagte Anders, »und nun kenne ich das Einmaleins schon beinahe ganz.«

»Ja, das habe ich gehört«, sagte Federchen. »Dann kann ich ja wieder gehen.«
»Wieso?«, fragte Anders.
»Hörst du denn nicht, wie der Wind heult?«, sagte Federchen. »Hörst du denn nicht, wie er ruft: ›Komm mit! Komm mit!‹ Spürst du nicht, wie er mit seinen langen Armen nach mir fasst?«
»Nein«, sagte Anders, »das merke ich gar nicht.«
»Ach«, rief sie aus, »was bist du doch schwerfällig. Du hörst wohl überhaupt nichts!« Sie stand auf und lief an den Eingang ihres Unterschlupfs. »Er nimmt mich auf seinen Rücken, und da geht es mir gut. Huiii!«
Anders sprang auf und hielt sie fest.

»Nein«, rief er, »du darfst nicht fort! Du musst bei mir bleiben und mir vorsagen!«

»Aber das darf ich doch nicht«, sagte Federchen, »das weißt du doch ganz genau.«

»Ich brauche doch nur noch neunmal sieben!«, flehte Anders sie an. »Dann kann ich endlich den Großen Zauberer rufen!«

»Nein«, sagte Federchen, »ich will nicht.«

»Warum denn nicht? Und warum darfst du mir eigentlich nicht vorsagen?«, fragte Anders. Darauf antwortete sie nicht.

»Hör doch auf den Wind!«, sagte sie, »er geht ganz weit weg, und ich will mit. Lass mich los!«

»Du wirst ja klatschnass«, sagte er, »und eiskalt. Dann kommt der Winter und du erkältest dich!«

»Ach du«, rief sie, »davon spüre ich doch gar nichts! Denn wenn ich mit dem Winde gehe, dann werde ich doch wieder zu einer Flaumfeder.«

»Aber das will ich doch gerade nicht!«, rief Anders. »Du sollst ein Mädchen bleiben! Ich meine, du musst bleiben, was du bist!«

»Geht dich das etwas an?«, rief sie. Ein heftiger Windstoß fuhr in die Höhlung und zog an ihrem Röckchen. Es schien, als würde sie ganz leicht, aber Anders fasste sie mit beide Händen am Arm, und der Wind ließ von ihr ab.

»Au!«, rief sie, »du tust mir weh!«

»Daran bist du selbst schuld!«, rief er.

»Lass mich los!«

»Nur wenn du versprichst, dass du hierbleibst!«

Federchen brach in Tränen aus. »Das kann ich nicht!«, jammerte sie, »ich muss mit!«

»Wer sagt denn das?«

»Der Wind! Er zieht mich mit sich!«

»Ich bin stärker als er!«, rief Anders, »komm mit mir!«

Er ging mit ihr langsam tiefer in die Höhlung, wo vom Wind nichts mehr zu spüren war. »So«, sagte er, »hier bleiben wir sitzen, bis der Wind vorbei ist.«

Doch das dauerte lange, und es war ganz dunkel um sie.

»Anders«, sagte Federchen da. »Ich möchte ja bei dir bleiben, aber der Wind hat Gewalt über mich, und daran bin ich selbst schuld.«

»Wieso?«, fragte Anders.

»Sieh mal«, sagte sie, »der Große Zauberer hat mich ausgeschickt, dir zu helfen. Bei den Ameisen ging es gut. Aber als du oben in dem Eichbaum immer wieder mit neugierigen Fragen kamst und sagtest, ich taugte nichts, da fand ich, du wärst ein abscheulicher Junge, dick und dumm, und mir war ganz gleich, was aus dir würde. Aber nun hast du das Einmaleins mit der Sieben ganz gelernt, wenigstens beinahe ganz, und du bist ein tapferer kleiner Kerl geworden und gar nicht mehr dumm. Aber ich habe dich im Stich gelassen, und darüber komme ich nicht hinweg. Deshalb will ich fort, ganz weit fort, für immer fort.«

»Musst du denn nicht zurück zum Großen Zauberer?«, fragte Anders.

»Nein. Nur wenn ich dir besser geholfen hätte, dann hätte er mich wieder zu einem gewöhnlichen kleinen Mädchen zurückverwandelt. Siehst du: Du willst anders werden. Aber ich möchte bleiben, was ich bin.«

»So ist das also«, sagte Anders.

»Ja«, seufzte Federchen. »Jetzt, wo ich dir immerhin deine Brille gebracht habe, kannst du mich besser gehen lassen, mich einfach fortwehen lassen …«

»Du musst mir doch noch helfen, neunmal sieben zu finden! Bitte, Federchen, lass uns das doch probieren. Es ist schwer genug!«

»Was können wir denn da machen?«, fragte sie, und er spürte, dass sie ihr Händchen auf seinen Arm legte.

Anders dachte nach. Wo sollten sie jetzt jemanden finden, der ihnen helfen könnte?
»Von wem hast du das Letzte gelernt?«, fragte Federchen. »Siebenmal sieben bei den Schnecken, das weiß ich. Aber achtmal sieben?«
»Bei den Spinnen«, sagte Anders.
»Ähm«, sagte Federchen, »vor Spinnen grusele ich mich. Aber sie sind klug und können großartig rechnen.«
»Wenn wir noch irgendwo eine finden könnten«, meinte Anders.
»Wer weiß, ob sie dann auch mit sich reden lässt«, sagte Federchen.
»Vielleicht in einem Wald«, überlegte Anders. Aber da begannen seine Augen zu strahlen, und er schrie ganz laut: »Limali!«
»Schrei doch nicht so«, sagte Federchen. Der Junge packte sie am Arm.
»Limali brauchen wir! Die blinde Spinne im Ameisenberg! Sie sitzt nicht mehr im Kerker, sondern lebt oben bei der Königin, wo ihr vorgelesen wird, weil sie … weil sie …« Anders verschluckte sich. »Weil ich darum gebeten habe. Sie hilft uns bestimmt. Federchen, hilf mir, in den Ameisenberg zu kommen! Dann kann ich das ganze Einmaleins noch vor dem Winter, und wir beide sind gerettet!«
Federchen lief mit Anders zum Ausgang der kleinen Höhle. Der Morgen brach an. In seinem matten Licht lag das Land wie eine riesige Ebene vor ihnen. Weit in der Ferne sahen sie einen dunklen Streifen. Das war der Wald, in dem der Ameisenberg lag. Der Wind heulte nicht mehr, es war blattstill, nur der Regen tropfte noch wie ein undichter Wasserhahn. Überall lagen Pfützen – für die beiden kleinen Leute waren es Meere.
Ein langer und schrecklich mühsamer Weg lag vor ihnen.

Durch die Wildnis

Das Wiesenland war für sie schlimmer als der schlimmste Urwald. Im Herbst ist das Gras hart wie Holz. Nur langsam kamen sie vorwärts, stießen mit Händen und Knien an scharfe Stängel, mussten über viele Wurzeln klettern und wurden klatschnass vom Regen, von den Pfützen und den morastigen Stellen. Federchens weiße Pantöffelchen sahen aus wie ertrunkene Kätzchen, und die Strümpfe des Jungen waren wie nasse Umschläge. So schleppten sie sich einen ganzen Tag lang weiter, aber gegen Abend lag der knorrige alte Baum erst ein kleines Stück hinter ihnen.
»Wir kommen nicht voran«, sagte Anders mutlos, »kannst du denn nicht ›Huiii‹ sagen, wie damals auf dem Fensterbrett, und dann fliegen wir ein Stück?«
»Das habe ich dir doch schon erklärt«, antwortete sie quengelig, »das geht nur, wenn es windig ist.«
»Dann warten wir eben, bis Wind kommt«, sagte Anders und setzte sich stöhnend auf einen abgebrochenen Stängel, der wie ein gefällter Baum im Gras lag.
Es wurde Abend, und bald war es zu dunkel, um weiterzugehen. Dazu setzte der Regen wieder ein. Sie krochen unter ein großes Blatt und schliefen vor Kälte zitternd ein. Am nächsten Morgen hatte sich das Wetter nicht verändert; der Himmel blieb grau, und es regnete. Weil sie so entsetzlich müde waren, kamen sie noch weniger voran als am Vortag.
Wie lange Anders und Federchen unterwegs waren, weiß niemand, und sie selbst hätten es nicht sagen können, denn sie waren zu erschöpft, die Tage zu zählen. Als sie eines Mittags an eine große Pfütze kamen, die sie hätten umgehen müssen, fielen sie beide hin

und waren so mitgenommen, dass sie keinen Schritt mehr gehen konnten. Wie weit war es noch bis zum Wald? Lag er geradeaus vor ihnen, oder hatten sie sich verlaufen?
»Ich kann nicht mehr«, flüsterte Anders heiser.
»Ich auch nicht«, sagte Federchen, »wir wollen hier liegen bleiben, bis wir tot sind.«
Aber da war ein Geräusch zu hören. Die Grashalme bewegten sich hin und her. Ein Wind war über sie hinweggefahren. Mit offenen Mündern lagen die beiden da und horchten. Wieder ging ein Windstoß über das Gras hin, jedoch stärker als der erste.
»Hörst du's?«, fragte Federchen. Jetzt rauschte es in der Luft. Die Halme bogen sich bis tief auf die Erde. »Halt dich an mir fest!«, rief Federchen. Mit letzter Kraft fasste Anders sie an den Schultern, in der Ferne war schon ein dumpfes Brausen zu hören.
»Ein Sturm!«, rief Federchen. Im selben Augenblick hatte er sie erreicht, und Federchen rief: »Huiiii!« Anders fühlte, wie Federchen leichter wurde, leicht wie eine Flocke, und wie der Wind sie unter ihm wegzog. Er klammerte sich an das fedrige Weiße, und ehe er begriff, wie ihm geschah, wurde er in die Luft gerissen. Seine Beine baumelten, als schwinge er an einem Trapez. Ein böser Sturm war es, der Anders in seine Wirbel gezogen hatte, aber der Junge hatte gar keine Zeit, schwindlig zu werden. Er dachte nur eins: ›Halt dich fest! Halt dich fest!‹
Wohin sie flogen, konnte er nicht feststellen. Er wusste überhaupt nicht mehr, wo oben und wo unten war, und es schien ihm das beste, wenn er die Augen zumachte.
Seine Arme wurden müde. Seine Hände waren von der eisigen Kälte ganz blau, seine Ellenbogen schmerzten, und seine Schultern taten so weh, als ob sie auseinandergerissen würden. Wie lange konnte er das noch aushalten? Aber wenn er losließe, dann wäre Federchen für ihn verloren.

Das gab ihm wieder Kraft – jedoch nicht für lange. Es wurde ihm schwarz vor Augen, und dann sah er Sterne vorüberzucken. Seine Finger ließen los, ein Stoß erschütterte ihn – Sterne, Sterne, unzählige Sterne – und dann nichts mehr. Oder empfand er doch noch etwas? Er wusste es nicht. Hielt er sich noch an Federchen fest? Er konnte es nicht fühlen, denn seine Hände waren wie erstarrt. Seine Gedanken erloschen wie das Licht einer Lampe.

Ein schallendes Gelächter

Klopf, klopf, klopf.
Anders fuhr auf.
Klopf, klopf, klopf.
»Wer ist da?«, rief er. Seine Stimme war heiser.
Klopf, klopf, klopf, klopf!
Anders sprang aus seinem Bett, aber er lag gar nicht in einem richtigen Bett. Er lag in einem dämmrigen Raum auf dem Boden. Nur durch einen Spalt drang Licht herein.
Klopf, klopf, klopf.
War da eine Tür? Wer stand davor? Wer wollte herein? Wo war Anders überhaupt? »Ich komme!«, rief er und tastete sich weiter.
Klopf, klopf!
Anders spähte durch den Spalt nach draußen. Niemand zu sehen. Er suchte nach einer Tür, tastete aber nur unbewegliche Wände ab. Wieder klopfte es, jetzt aber ganz dicht neben ihm, und durch den Spalt sah er, dass ein schrecklicher Riesenschnabel gegen die Außenwand hackte. Anders fuhr zurück, strauchelte über irgendetwas, das am Boden lag, und landete auf dem Rücken.
»Au!«, sagte ein hohes Stimmchen. »Wer ist denn da?«
»Federchen«, flüsterte Anders, »da draußen ist jemand.«
Klopf, klopf, klopf.
Nun war auch Federchen aufgestanden, die auf dem Boden gelegen hatte.
»Psst!«, sagte sie, »halt dich ganz still, Anders.«
Draußen rührte sich etwas. Es klang, als kratze jemand mit seinen Nägeln über Holz. Es quietschte und krachte. Der Riesenschnabel stieß durch die Ritze nach innen.

»Ein Specht!«, flüsterte Federchen. »Komm weg!« Sie fasste Anders am Arm, zog ihn so weit wie möglich zurück und sagte ihm dabei ins Ohr: »Er sucht Käfer. Die frisst er. Uns hat er gewittert und will uns herausziehen. Bleib nur stehen. Dann macht er sich schon wieder fort.«

Der böse Schnabel drang noch weiter herein. Anders pochte das Herz. Weiter zurück konnten sie nicht, und die scharfe Schnabelspitze kam immer näher.

›Wenn ich mich ducke‹, dachte Anders, ›kann ich vielleicht unten durch, ohne dass er es merkt.‹ Aber bevor er sich bewegte, wurde der Schnabel zurückgezogen. Nicht lange danach klopfte es wieder, aber etwas weiter weg.
»Der hat uns aufgeweckt«, sagte Federchen.
»Aber was ist das denn für ein Haus?«, fragte Anders. »Wo sind wir überhaupt?«
»In einem Baum. Gegen den sind wir mit einem mächtigen Bums gestoßen. Hast du das gar nicht bemerkt?«
»Doch«, antwortete Anders, »so dunkel erinnere ich mich.«
»Der Sturm hat uns durch die Ritze hier hineingepustet«, sagte Federchen, und Anders meinte: »So ein Glück! Dann sind wir jetzt also im Wald?«
»Ja«, sagte Federchen, »und du hast dir mächtig den Kopf gestoßen, glaub' ich. Mit einem Mal warst du wie weg und schliefst. Da habe ich mich auch hingelegt.«
Anders fühlte eine dicke Beule an seiner Stirn. »Wie kommen wir denn nun weiter?«
»Weiter?«, fragte Federchen, »wollen wir nicht lieber einen Winterschlaf halten? Das tun die Tiere auch.«
Aber Anders war viel zu wach für einen Winterschlaf.
»Ich denke nicht daran«, sagte er, »wir müssen doch in den Ameisenberg. Ist es denn noch windig draußen?«
Sie krochen an die Ritze, kratzten sie weiter auf und spähten vorsichtig nach draußen. Alle Blätter waren von den Bäumen abgerissen, kahle Äste und glatte Stämme hoben sich schwarz vor dem blauen Himmel ab. Es war trocken und kalt.
»Ich glaube«, sagte Federchen, »den halben Winterschlaf haben wir schon hinter uns. Es sieht aus, als wäre der Herbst bereits vorbei.«
»Dann wollen wir nicht länger warten«, entschied Anders. Zum Glück ging ein leichter Wind.

Federchen nahm Anders bei der Hand, und – *Huiii!* – schwebten sie dem Waldboden zu. Aber noch ehe sie ihn erreicht hatten, klang durch den Wald ein böses Lachen.

»Der Specht!«, rief Federchen. »Er hat uns gesehen!« Rasch versteckten sie sich im harten Gras. »Ob er uns hier packen kann?«, fragte sie.

»Ich glaube nicht«, meinte Anders, »aber weil er jetzt so wenig Tiere findet, wird er vielleicht auf uns lauern. Vorsichtig müssen wir schon sein.«

Anders schaute nach oben. Von dem Vogel war nichts zu sehen. Aber da hörten sie wieder das Hacken des scharfen Schnabels. Der Specht musste genau über ihnen sitzen, hoch oben im Baum.

Die Wildgänse

Vorsichtig krochen Anders und Federchen durch das dichte Moos, bis sie an das Ende des Waldstücks kamen. Vor ihnen lag eine sandige Strecke, die sie überqueren mussten, um wieder auf Gras zu kommen. Von dem Specht war nichts mehr zu hören oder zu sehen. Noch einmal blickte sich Anders nach allen Seiten um. Dann rannten sie los, so schnell sie nur konnten. Keuchend erreichten sie das Gras, das sie wie ein hoher Wald umschloss.
»Hier sind wir wieder sicher«, sagte Federchen.
»Ist es noch weit bis zum Ameisenberg?«, fragte Anders.
»Ja«, sagte Federchen.
Mühsam stapften sie weiter, und erst nach einer guten Weile fing sie wieder zu reden an.
»Anders«, sagte sie.
»Ja?«
»Wenn wir in dem Ameisenberg sind und du das ganze Einmaleins mit der Sieben kennst – was fragst du dann den Großen Zauberer, wenn er kommt?«
»Ob er mich anders machen will, natürlich.«
»So«, sagte Federchen, »willst du denn noch immer anders werden?«
»Aber sicher«, antwortete er, »ich will gut lernen können, ganz stark sein und nicht mehr so dick und ungeschickt.«
»So, so«, meinte Federchen nachdenklich, und weiter sagte sie nichts.
Ohne Weg und Steg stapften sie dahin. Hin und wieder kamen sie an einem Erdloch vorüber, das mit dürren Blättern ausgefüllt war, und sie hörten, dass da Tiere im Winterschlaf schnarchten.

»Anders«, sagte Federchen.
»Ja?«
»Sollten wir uns nicht doch auch lieber schlafen legen?«
»Nie und nimmer«, sagte Anders, »wir müssen in den Ameisenberg.«
»Aber damit können wir doch auch bis zum Frühjahr warten«, sagte Federchen.
»Ich dachte, du wolltest mir helfen.«
»Das will ich auch«, sagte Federchen, »aber muss das denn gleich sein?«
»Das hört sich so an«, sagte Anders, »als hättest du Angst vor dem Großen Zauberer.«
Darauf gab das Mädchen keine Antwort. »Mit dir ist schwer fertig werden«, sagte Anders, »erst willst du mir helfen, dann fliegst du wieder weg. Einmal sagst du mir vor, ein andermal tust du es nicht. Jetzt willst du die Zeit verschlafen – das verstehe, wer kann.«
Federchen schwieg auch darauf. Dann sagte sie: »Ich wäre froh, wenn du nicht anders werden wolltest. Du heißt doch schon so. Warum kann es nicht so bleiben?«
Mit einem Ruck blieb Anders stehen.
»Also deshalb willst du mir nicht mehr vorsagen!«, rief er wütend, »du willst gar nicht, dass ich das Einmaleins mit der Sieben lerne! Und du willst nicht, dass mich der Große Zauberer anders macht! Sag ja oder nein!«
Langsam schüttelte Federchen den Kopf. »Nein«, sagte sie leise, »nein, das ist nicht wahr. Darum geht es nicht.« Sie sah so traurig aus, dass seine Wut verflog.
»Aber warum denn nur, Federchen? Was geschieht dir, wenn du mir sagst, wie viel neunmal sieben ist? Wirst du dafür bestraft?«
Sie nickte.
»Schwer bestraft?«

Sie nickte wieder. Aber sie sagte nichts und sah nur sehr traurig aus.
»Na«, sagte Anders, »dann wollen wir weitermarschieren!«
Es war schon spät am Abend, als sie an ein Mauseloch kamen, und sie krochen hinein, um da zu schlafen.
»Wie weit ist es noch bis zum Ameisenberg?«, fragte er.
»Das weiß ich nicht«, sagte Federchen. Dann hörte er an ihrem ruhigen Atmen, dass sie eingeschlafen war, und bald darauf schlief er ebenfalls.

Er hatte einen bedrückenden Traum. Riesige Vögel flogen durch die Luft und schrien: »Seht doch! Seht doch!« Mit einem Mal sanken viele tausend Federn nach unten, schneeweiße Flaumfedern. Sie stapelten sich vor dem Mauseloch auf, höher und höher, so hoch, dass niemand mehr hinaus konnte. Anders bekam Angst, und zugleich fror er so sehr, dass er zitterte. »Hört auf!«, rief er böse und suchte Federchen. Aber er konnte sie nirgends finden, bis er merkte, dass er sie ja unter seinem Arm trug – sie war eine Feder und sollte für immer und ewig eine Feder bleiben. Ziellos lief er mit ihr umher. Da stolperte er und fiel hin.
Er wachte auf und erhob sich. Nur ein schwacher Lichtschein fiel von draußen herein, als ob ein dicker Vorhang vor den Eingang gezogen wäre. Als Anders aber genauer hinsah, erkannte er, dass Schnee gefallen war, der die kleine Höhle fest verschloss.
»Federchen!«, rief er, »wach auf!« Er nahm ihre Hand. Sie war eiskalt. Er schüttelte sie. »Federchen!«
Langsam schlug sie die Augen auf und sagte ganz verschlafen: »Was ist denn?«
»Wir sind eingeschneit!«, rief Anders.
Federchen gähnte. »Dann ist Winter. Dann haben wir uns doch verschlafen.«
»Verschlafen?«, rief Anders. »Wie lange denn?«

»Ein paar Wochen, nehme ich an«, sagte Federchen und drehte sich um, »weck mich im April!«

»Nein!«, rief Anders. »Ich will zum Ameisenberg, hörst du? Und zwar sofort, auf der Stelle!«

Er kratzte den Schnee weg wie ein Hund, der hinter einer Maus her ist. »Hilf doch mit, Federchen!«, rief er. »Du wolltest mir doch helfen! Also los!« Von dem Schnee wurden seine Hände ganz rot.

»Es ist so kalt«, sagte das Mädchen.

»Beim Arbeiten wird dir warm! Wenn du liegen bleibst, dann erfrierst du. Hurra! Ich bin durch!«

Er hatte einen Tunnel durch den Schneeberg gegraben. Nun drang das Tageslicht nach innen, und er lief hinaus.

»Komm mit!« klang seine Stimme von draußen. »Alles ist weiß! Federchen, komm!«

Mit einem Seufzer stand das Mädchen auf und kroch durch den Gang. Kaum war sie draußen, als auch schon ein Schneeball an ihre Backe klatschte. Da wurde sie munter.

»Warte nur!«, rief Federchen, und sie bewarfen einander mit Schneebällen, lärmten und lachten so laut, dass es in dem stillen Wald widerhallte. Aber dann fasste Anders sie bei der Hand.

»In welche Richtung geht es?«, fragte er.

»Dorthin«, sagte Federchen, und sie zogen los.

Sie mussten durch hohen Schnee. Ihre Füße wurden nass und ihre Hände klamm, und schließlich waren sie nur noch zwei zitternde arme Seelchen.

Federchens Zähne klapperten. »Ich kann nicht mehr!«

»Ist es denn noch weit bis zum Ameisenberg?«, fragte Anders.

»Weit, sehr weit«, sagte Federchen, »wir kommen ja nur so langsam vorwärts.«

»Wenn doch ein Wind ginge!«, sagte Anders.

»Mir ist so kalt«, sagte Federchen, und es schüttelte sie.

»Warte mal«, sagte Anders, zog sich seinen obersten Pullover über den Kopf und hielt ihn Federchen hin.
»Nein«, sagte sie, »das will ich nicht.«
»Das sollst du aber«, sagte Anders, »es ist ja meine Schuld, dass du so frierst!«
Er stand da, den Pullover in der Hand, aber Federchen war nicht zu bewegen, ihn anzuziehen, und nirgends war ein Unterschlupf für sie. Überall lag hoher Schnee. Auch die Bäume waren ganz verschneit.
›Wenn ich nur nicht so stur gewesen wäre‹, dachte Anders. ›Wir hätten den Winter doch in dem Mauseloch abwarten sollen. Jetzt können wir einfach nicht weiter, und wer weiß, wo der Ameisenberg liegt. Wenn ich nur wüsste, wie viel neunmal sieben ist! Dann könnte der Große Zauberer kommen und uns retten, ehe es zu spät ist.‹
»Federchen«, sagte er plötzlich und packte sie bei den Schultern, »du musst mir vorsagen. Es geht nicht anders. Wenn du es nicht tust, dann ... dann ...«
Das Mädchen sah ihn mit großen, ängstlichen Augen an. Aber ehe sie noch etwas antworten konnte, war in der Luft ein unerklärliches Geräusch zu hören. Aufgeregte Stimmen riefen einander etwas zu, aber Anders verstand nicht, was sie sagten. Er starrte zum Himmel. Durch die kahlen Äste der Bäume war ein Stück Blau zu sehen, und darin erschienen große weiße Vögel. Mit mächtigen Flügelschlägen zogen sie langsam dahin. Sie flogen in vielen verschiedenen Gruppen.
»Wildgänse!«, rief Federchen.
»Sieh doch nur!«, rief Anders. Die erste Gruppe formte eine Ziffer, es war eine Neun. Die zweite flog in einer Form, die aussah wie ein X, und die dritte bildete ein V, das auf einer Seite lag. Einer der Striche war viel länger als der andere.

»Eine Sieben!«, schrie Anders. »Federchen, da oben steht neunmal sieben!«

Die Vögel zogen unablässig weiter, und nun war schon die nächste Gruppe zu sehen: zwei Streifen, die übereinander lagen.

»Ein Gleich-Zeichen!«, schrie Anders. »Neunmal sieben ist –«

Sein Herz schlug immer schneller. Um mehr vom Himmel zu sehen, rannte er durch den Schnee zu einer freien Stelle. Schon hörte er die rufenden Stimmen der Gruppe, die nun folgte, und jetzt erschien der erste Vogel. Er flog einen großen Bogen, der langsam zu einer Ziffer wurde: eine Sechs!

»Ist sechs und … sechs und … nein!«

Anders rang nach Luft. Sein Gesicht war feuerrot. Er schwang den Pullover, den er immer noch in der Hand hatte.

»Nicht sechs und«, sagte er zu sich selbst, »sondern sechzig und so und so viel! Noch eine Ziffer, und ich weiß es!«
Die letzte Gruppe näherte sich. Aber noch ehe die ersten Wildgänse sichtbar wurden, kam aus dem Wald ein kreischendes Gelächter, und zugleich hörte Anders, wie Federchen rief: »Der Specht!«
»Ach was!«, schrie Anders. Wie festgenagelt stand er da und starrte zum Himmel, um nur ja die letzte Ziffer nicht zu verpassen, an der doch ihre Rettung hing.
Aber da vernahm er einen neuen Angstschrei Federchens, und er wandte sich zu ihr um. Was musste er da sehen? Aus dem Geäst der Bäume flog der grellgrüne Specht geradewegs auf Federchen zu.
Anders vergaß die Wildgänse. Er rannte zu Federchen. Aber was konnte er gegen den Riesenvogel ausrichten?
»Huiii, huiii, Federchen!«, rief Anders. Aber es wehte kein Wind. Er rannte weiter und schwang seinen Pullover, um den Specht zu erschrecken. Aber das böse Tier stieß in den Schnee.
»Ksch! Ksch!«, rief der tapfere Junge und schwang seinen Pullover. Doch der Specht lachte nur. Es war ein scheußliches, meckerndes Lachen.
Da riss sich Anders seine Brille ab und warf sie dem Vogel an den Kopf. Die Gläser zerbrachen an dem starken Schnabel, und die Splitter flogen dem Specht ins Gesicht. Dann geschah alles in einem Augenblick. Der wütende Vogel gab dem Jungen einen Stoß mit dem Schnabel, dass er in den Schnee fiel, schnappte nach Federchens Röckchen und flog mit ihr auf.
»Anders!«, schrie sie, und nun geschah etwas Merkwürdiges. Durch seinen Flügelschlag machte der große Vogel Wind, nicht viel, jedoch genug – und sofort wurde die Beute in seinem Schnabel zu einer ungenießbaren Feder. Erschreckt sperrte er ihn auf, und mit einem Seufzer schwebte Federchen dem Erdboden zu.

Anders sah sie noch, wie sie zwischen den Bäumen dahinflog – dann war sie ihm entschwunden.

»Federchen!«, rief er, »Federchen!«

Mehr brachte er nicht heraus. Weinend setzte er sich in den Schnee. Die Wildgänse waren längst fort. Selbst ihre weithin hallenden Rufe waren nicht mehr zu hören. Alles war aus. Wie sollte er mutterseelenallein den Ameisenberg finden?

Schluchzend blieb er sitzen und zog nicht einmal seinen Pullover an, der neben ihm im Schnee lag.

Herrmann

Als er sich ausgeweint und der Schnee ihn halb steifgefroren hatte, zog er seinen Pullover wieder an, stand auf und stapfte in die Richtung, in der er Federchen hatte verschwinden sehen. Er glaubte nicht, sie jemals wiederzufinden. Da konnte es ihm gleich sein, in welche Richtung er ging.
›Du läufst einfach, bis du tot umfällst‹, dachte er.
Als es dämmerte, war er noch immer unterwegs. Irgendwann, inzwischen war es vollkommen dunkel, stolperte er über einen Baumstumpf, der halb im Schnee verborgen lag. Noch ehe er »Au!« rufen konnte, rutschte er im Schnee aus und landete in einer Höhle unter dem Stumpf. Genauer gesagt: Er landete auf einem harten Bett. *Kriek-krak-kriek*, hörte er die Federn quietschen.
›Wo bin ich denn jetzt gelandet?‹, dachte sich Anders. Doch da wurden seine Augenlider schwerer und schwerer und er sank in einen tiefen Schlaf.
Als er wieder erwachte, war es schon lange Morgen. Und doch war es nicht das Licht, das ihn geweckt hatte. Das Bett, auf dem er lag, begann sich zu bewegen.
»Was geschieht denn hier?«, fragte sich Anders. Er merkte, das er auf seinem Bett auf und nieder wippte.
Kriek-krak-kriek, ächzten die Federn, und im selben Moment rief das Bett: »He, was soll denn das?«
Anders landete unsanft auf dem Boden und sah sich verwirrt um. »Oh! Entschuldigung, nehmen Sie es mir nicht übel«, stammelte er, »aber ich dachte, Sie wären ein Bett … ein normales Bett, meine ich.«
»Was redest du da?«, antwortete das Tier.

Anders wurde feuerrot. »Ich … ich … Sie … Sie …«, stotterte er. »Aber … aber … Sie sind ja … Guten Morgen, Herr Assel.«
Das Tierchen war nun endgültig aus seinem Winterschlaf erwacht und krabbelte wütend auf Anders zu.
»Du hast mich für ein Bett gehalten? Da hört sich doch alles auf!«
Anders ging einen Schritt zurück, bis er an der Wand der Höhle stand. Die Assel kam immer näher, bis sie direkt vor ihm stehen blieb.
»Hast du denn gar keinen Verstand?«, herrschte die Assel ihn an. »Weißt du denn nicht, dass man Tiere im Winterschlaf nicht stören soll? Und außerdem: Wer hat dir gesagt, dass ich ›Herr Assel‹ heiße?«
»Aber … aber … jeder nennt doch eine Assel eine Assel«, verteidigte sich Anders.

»Aha, so ist das also«, schimpfte das Tier weiter. »Aber du sagst diesen Namen mit einem Ekel in der Stimme.«
»Aber nein, Herr …« Anders wusste nicht, was er sagen sollte.
»Siehst du? Du willst es nicht sagen. Wenn das, was du gerade gesagt hast, kein gemeiner Name ist, dann sag mir mal einen gemeinen. Na? Wird's bald?«
Anders schluckte.
»Na los, sag mir einen gemeinen Namen!«, herrschte die Assel ihn an und rückte noch näher an Anders' Gesicht heran. »Oder fällt dir kein anderer ein?«
Anders zitterte vor Angst. Er nickte ein Ja und sagte: »Nein.«
»Ha! Das dachte ich mir«, sagte das graue Krabbeltier und lachte höhnisch. »Immer sprechen alle von Asseln, von Keller-Asseln. Aber niemand traut sich, es uns ins Gesicht zu sagen! Keller-Asseln nennt man mich und meine Verwandten, und alle denken dabei an Fieseriche, die in dunklen Höhlen leben. Dabei seid ihr die Fieseriche, ihr, die ihr uns so nennt. Pah!«
Das Tierchen war sehr betroffen. Seine Fühler krümmten sich empört. »Manche nennen uns auch Keller-Würmer. Als ob ›Assel‹ nicht schon schlimm genug wäre! Nein, schmierige Würmer müssen sie uns auch noch nennen. Da hört sich doch alles auf. Aber warte, ich werde mir einmal einen Namen für dich ausdenken … du … du …«
Jetzt erst schien das Tier zu bemerken, dass Anders eigentlich ganz nett aussah. Es schwieg und sah ihn mit zusammengekniffenen Augen an.
»Was bist du eigentlich für einer?«, fragte es zögernd.
»Ich bin ein kleiner Junge«, antworte Anders.
»Ein *Junge*? Ist das ein bekanntes Wort?«
»Aber ja«, sagte Anders.
»Und wie heißt du?«

»Anders«, sagte Anders.
»Anders?«, rief die Assel und sah zu Boden. Dann schüttelte sie den Kopf und murmelte: »Das ist ja großartig. Ich würde auch gern anders heißen. Vielleicht Herrmann oder so ähnlich.«
»Ich nenne dich gern Herrmann«, sagte Anders und hielt gespannt den Atem an.
»Wirklich?«, fragte das Tierchen. »Würdest du mich wirklich Herrmann nennen?«
»Aber ja«, erwiderte Anders. »Natürlich, Herr Herrmann.«
»Das ›Herr‹ kannst du dir sparen«, sagte die Assel. »Wenn du im Frühling kommst, um mich zu wecken, dann ruf mich einfach bei meinem Namen.«
Darauf legte sich die Assel auf den Boden, schloss die Augen und sagte mit einem seligen Lächeln: »Herr...mann!«
»Nein!«, rief Anders. »Das kann ich nicht. Ich muss doch weiter.«
Das Tierchen öffnete die Augen wieder.
»Weiter? Durch den Schnee? Bist du verrückt?«
»Nein, aber ... aber ... Kennst du das Einmaleins mit der Sieben?«, fiel es Anders plötzlich ein.
»Einigermaßen«, brummte die Assel.
»Wirklich?«, rief Anders. »Dann sag es mir, Herrmann. Wie viel ist neunmal sieben?«
»Na ja ... weißt du, zu dieser Zeit ist das ein bisschen viel verlangt. So viele Füße habe ich nicht. Ist es denn wirklich so wichtig?«
»Ja!«, antwortete Anders. »Es gibt nichts Wichtigeres als das!«
»Ach«, sagte die Assel gähnend. »Ich glaube, ich weiß es auch nicht.«
»Oh nein«, jammerte Anders enttäuscht. »Dann muss ich schnell weiter. Zum Ameisenberg.«
»Wirklich?«, fragte die Assel. »Zu den Roten? Was willst du denn von denen?«

»Das ist eine lange Geschichte«, erwiderte Anders. »Ist es noch weit zu ihnen?«

»Weiß ich nicht«, seufzte Herrmann. »Sie kommen hier manchmal geschäftig vorbeimarschiert. Und immer tragen sie Sachen mit sich, die niemand brauchen kann. Die haben eine richtige Autobahn gebaut, diese Dummköpfe.«

»Eine Autobahn?«, fragte Anders mit leuchtenden Augen. »Eine Autobahn zum Ameisenberg? Wo ist sie?«

»Gleich da drüben«, sagte Herrmann und wies mit seinen Fühlern in die Richtung. »Dort, beim Graben.«

»Auf Wiedersehen«, rief Anders. »Vielen Dank!« Und ohne weitere Worte zu verlieren, kletterte er aus der Höhle heraus.

»He, warte! Willst du erfrieren?«, rief Herrmann ihm nach, doch Anders hörte nicht auf ihn. Das Tierchen zog sich in eine Ecke zurück, legte sich flach hin und schloss die Augen. »Ich fürchte, er ist ein bisschen verrückt«, murmelte er vor sich hin. »Schade, er hätte mich so schön wecken können, im Frühling ... Herrmann ...« Und mit diesem Namen auf den Lippen schlief er ein.

Auf dem Weg nach oben erinnerte sich Anders an den Schnee. Wahrscheinlich wäre es gar nicht so einfach, die Ameisenstraße zu finden. Doch als er seinen Kopf aus der Grube herausstreckte, war kein Schnee mehr zu sehen. Es hatte in der Nacht geregnet und danach gefroren. Der gesamte Wald schien aus Eis zu bestehen, die Äste, die Baumstämme, die vertrockneten Blätter, das Moos, die Grashalme, die Steine, der Sand – alles war von einer Eisschicht überzogen. Es sah aus wie eine Landschaft aus Glas, und nach drei Schritten rutschte Anders aus und landete auf der Nase. Auf allen vieren kroch er weiter in die Richtung, in die Herrmann gezeigt hatte, und nach kurzer Zeit fand er die Ameisenstraße, gerade und spiegelglatt wie eine Eislaufbahn.

Es war bitterkalt, und es wehte ein schneidender Wind, der die Eiszapfen von den Ästen der Bäume abbrach. Mühsam schob Anders sich über das Eis vorwärts, doch immer wieder stolperte er und rutschte aus, sodass er schon überlegte, zu Herrmann zurückzukehren.

›Nur noch bis zu diesem Stein dort vorn‹, dachte er. ›Wenn ich den Ameisenberg von dort aus sehen kann, schaffe ich es vielleicht. Wenn nicht, kehre ich um.

Vorsichtig schob er sich weiter, und als er den Stein erreichte, wollte er sich daran festhalten. Doch auch der war vollkommen vereist und Anders rutschte ab. Das wäre ja nicht weiter schlimm gewesen, wenn der Boden um den Stein herum eben gewesen wäre. Doch genau hinter dem Stein begann ein steiler Abhang, den Anders nicht gesehen hatte. Hier gab es nichts, woran er sich hätte festhalten können, und so glitt er wie ein Schlitten den Hang hinab, erst auf dem Bauch, dann auf dem Rücken und zuletzt halb sitzend. Was er auch mit seinen Armen und Beinen versuchte, nirgends fand er auf dem spiegelglatten Hang einen Halt. Immer schneller rutschte er hinab, einmal stieß er sich das Knie an, zweimal den Kopf. Und als er schließlich das Ende des Abhangs erreichte, schlitterte er noch ein Stückchen weiter und blieb zuletzt mit schmerzenden Gliedern liegen.

›Ich bin verloren‹, dachte Anders, ›jetzt kann ich nicht einmal mehr zurück.‹ Er drehte sich um und betrachtete die Rutschbahn, die er hinuntergeschlittert war. Als er sich die Gegend ansah, in der er gelandet war, entfuhr ihm plötzlich ein Schrei.

Direkt vor ihm befand sich der Ameisenberg.

Die gläserne Tür

Funkelnd schien die Sonne auf die Außenseite des wunderlichen Bauwerks, das mit dickem Eis überzogen war. Auch der Eingang war durch eine Eiswand verschlossen.
»Aufmachen!«, schrie Anders und hämmerte gegen die gläserne Tür, die fest wie eine Mauer war. »Aufmachen!«
Aber wer sollte ihm aufmachen? Er presste seine Nase gegen das kalte Eis, hielt die Hände über die Augen und spähte nach innen. Der Gang war dunkel. Keine Ameise zu sehen. Wieder bummerte er mit seinen kleinen Fäusten gegen das Eis. »Macht doch auf!«
Es war vergeblich. Er suchte nach einem Stock, um damit gegen die Tür zu schlagen, aber alle Äste und Tannennadeln waren festgefroren. Nun trat er mit den Füßen gegen die Eiswand, aber auch das half ihm nicht weiter.
›Die Ameisen schlafen natürlich‹, dachte er, ›die kriegst du gar nicht wach. Da kommst du überhaupt nicht hinein. Du musst warten, bis Tauwetter kommt.‹
Aber nein, er wollte nicht warten. Wieder drückte er seine Nase gegen das Eis, und jetzt hauchte er es an, um es aufzutauen. Damit war er so beschäftigt, dass er gar nicht bemerkte, wie in dem dunklen Gang eine Gestalt erschien, die an der Innenseite der gläsernen Tür stehen blieb. Erst als er mit dem Anhauchen innehielt und einen Schritt zurücktrat, sah er durch das Eis etwas Weißes schimmern.
Er sperrte seine Augen auf, er winkte mit beiden Armen, er schluckte dreimal und stieß endlich einen Schrei aus.
»Federchen!« Da stand sie mit ihrem weißen Kleid und ihren weißen Pantöffelchen im Ameisenberg!

Sie war von oben hineingekommen, als sie aus dem Schnabel des Spechts weggeweht worden war. Da hatte es noch nicht geregnet und auch nicht gefroren. Jetzt stand sie hinter der gläsernen Tür.
»Kannst du nicht aufmachen?«, rief Anders. Er sah, dass sie ihr Händchen an ein Ohr hielt. »Kannst du nicht aufmachen?«
Sie schüttelte den Kopf und zuckte die Achseln. Sie bewegte auch ihre Lippen, aber kein Laut drang nach außen.
»Was sagst du?«, rief er verzweifelt.
Wieder bewegte sie die Lippen, und er hörte etwas, das klang wie »… a … i …«. Er schüttelte den Kopf.
»Lauter!«, schrie er, »ich verstehe dich nicht!«
Jetzt schüttelte sie den Kopf. Sie drückte ihr Gesicht gegen die gläserne Tür. Anders tat das auch, und so standen sie beide und starrten einander durch das kalte Eis an, bis ihre Augen tränten.
Nun hauchten sie dieselbe Stelle an. Vielleicht könnten sie so ja ein Loch in das Eis bekommen. Doch wohin sie hauchten, gefror es gleich wieder, und die Tür blieb fest wie Eisen. Aber Anders sah, dass sie ihr Ohr an diese Stelle hielt, die vielleicht doch etwas dünner geworden war.
»Federchen«! Kannst du mich jetzt verstehen?«
Sie nickte.
Da legte er auch sein Ohr an die kalte Tür. Ganz schwach vernahm er Federchens Stimme: »… meisen … afen … alle.« Er begriff. Die Ameisen schliefen alle. Heftig nickte er mit dem Kopf. Er war so froh, dass er sie verstanden hatte.
Federchen sprach weiter: »… a … i …«
Anders dachte nach. Natürlich – sie sagte etwas von Limali!
»Sitzt sie wieder in ihrem Käfig?«, schrie er.
Jetzt verstand er etwas wie »… auen …« Er begriff. Er sollte warten, bis es taute. Aber davon wollte er doch nichts wissen. Er trat gegen die Tür. Er hämmerte – aber das Eis war zu dick.

»Federchen«, rief er, »Federchen, wie viel ist neunmal sieben? Sag's mir doch, bitte, bitte!« Er presste sein Ohr an die eiskalte Wand, aber als Antwort hörte er ein meckerndes Lachen. Es wurde noch lauter, als er sein Ohr wegnahm. Aber es kam nicht von der Tür her und nicht von Federchen. Es kam aus dem Walde. Es war der Specht, der da lachte.

Blitzschnell schoss Anders von der Tür weg und versteckte sich unter einem hartgefrorenen Eichblatt, das wie ein steinernes Dach halb im Boden klemmte, und im selben Augenblick sah er den grünen Vogel vorbeihuschen.

Er wartete noch ein bisschen und wollte dann wieder hervorkommen, als plötzlich ein wildes Hacken durch den stillen Wald hämmerte. Es war ganz nahe. Es klang vom Ameisenberg her, und von seinem Schutzdach aus sah Anders mit Schrecken, dass der Specht mit seinem harten Schnabel das Eis des Ameisenbergs aufhackte. Eisstücke, gefrorene Nadeln und Erdklumpen flogen umher, während die scharfen Schläge immer rascher aufeinander folgten.

»Federchen!«, schrie Anders in tausend Ängsten, »Federchen pass auf!« Aber das half natürlich gar nichts. ›Ich habe nicht einmal mehr meine Brille, die ich ihm an den Kopf werfen könnte‹, dachte er, ›was kann ich denn nur tun?‹

Nichts konnte er tun, gar nichts. Er konnte nur zusehen, wie der grüne Riesenspecht seinen Schnabel immer tiefer in den Ameisenberg stieß und darin alles umwühlte und durcheinanderbrachte.

Endlich flog der gefährliche Vogel wieder weiter. Was er als Beute erwischt hatte, war nicht zu erkennen. Noch lange saß Anders da und starrte vor sich hin. Dann stand er auf und näherte sich vorsichtig dem Berg. Wenn es ihm gelänge, hinaufzuklettern, dann müsste er oben durch die aufgehackten Stellen hineinkommen. Aber was würde ihn dort drinnen erwarten?

Im Ameisenberg

Als Anders wieder vor dem Ameisenberg stand, sah er, dass es nicht nötig war, hinaufzuklettern. Durch das heftige Hacken des Spechts war nämlich die Glastür in Stücke zersprungen, und er konnte mir nichts dir nichts hineinspazieren.
In dem dunklen Gang roch es muffig. Hier und da war er eingestürzt. Es herrschte Totenstille.
»Federchen!«, rief Anders. Es klang, als würde seine Stimme durch dicke Wolldecken erstickt. Einen Augenblick lang blieb der Junge noch unschlüssig stehen. Dann wagte er sich Schritt vor Schritt in die Dunkelheit vor. Nicht lange, und er musste stehen bleiben. Ein hoher Haufen Sand und Tannennadeln, die von der Decke heruntergefallen waren, versperrten den Weg. Anders bog in einen Seitengang ab. Um weiterzukommen, musste er sich durch enge Zugänge zwängen und sich zwischen eiskalten, stechenden Tannennadeln durchwinden.
Nirgendwo traf er eine Ameise an, und als er einmal stehen blieb, hörte er nur, dass es in seinen Ohren sauste. Nicht das leiseste Geräusch von Schritten oder ein Schnarchen war zu vernehmen. »Federchen!«, rief er. Keine Antwort. »Limali!« Keine Antwort. »Herr Podzok! Fräulein Zwoa!« Keine Antwort. Auch in dem Klassenzimmer war niemand. Die Bänke standen krumm und schief, und auf der Tafel war das Wort WINTERSCHLA zu lesen. Das F fehlte, denn es war von klebrigen Fühlhörnern ausgelöscht worden. Anders ging weiter. In den Räumen, wo die gefangenen Soldaten der Schwarzen Ameisen gesessen hatten, sah es wüst aus. Die eingestürzten Decken lagen auf dem Fußboden, die Mauern waren geborsten und voller Löcher. Betreten konnte man den Raum

nicht. Hier und da war durch Löcher im Dach der Himmel zu erblicken.
Anders entschied sich für einen Gang, der tiefer nach unten führte. Hier war alles noch so wie früher, sauber und in Ordnung. Er konnte rascher gehen und gelangte allmählich in den untersten Teil des Berges. Aber von Ameisen war noch immer nichts zu sehen.
»Federchen, wo bist du?«, rief er noch einmal. Doch es war umsonst.
Immerhin hatte er jetzt die Tür des großen Saals vor sich. Er rannte hinein, fiel aber sofort auf seine Nase, denn die schneeweißen runden Kieselsteine lagen immer noch auf dem Fußboden, um jedem, der hier nicht feierlich langsam ging, ein Bein zu stellen.
»Au!«, rief Anders. Da hörte er eine klagende Stimme.
»Oh ... mein Kopf!«
Anders richtete sich auf. Auf dem Sofa, das am Ende des Saals stand, lag wie immer die Königin Ziwiria. Aber es schien ihr nicht besonders gut zu gehen. Sie jammerte vor sich hin: »Oh ... mein armer Kopf! Was gibt es denn wieder? Wer ist da? Zela und Bela, wo seid ihr denn? Ach, ach, ach, mein armer Kopf ...«
»Majestät«, rief Anders und kroch über die glatten Steinchen zu ihr hin. »Majestät, wo ist Federchen? Und wo ist Limali? Wo sind denn überhaupt alle Leute?«
Die Königin der Ameisen wandte mühsam ihren Kopf und starrte mit halbgeschlossenen Augen auf den kleinen Jungen.
»Das Rosenwasser, bitte!«, rief sie mit ersterbender Stimme. »Feuchtet mir meine Stirn an! Oh Himmel, mein armer Kopf!«
Anders sah die Flasche. Sie stand auf einem Brettchen oberhalb des Sofas. Er stand auf und glitt vorsichtig über die tückischen Kiesel dorthin. Hätte er sich nicht an der Lehne des Sofas festhalten können, so wäre er mit der Flasche wieder hingefallen. Jetzt

kniete er sich neben der Königin nieder, schüttelte ein paar Tropfen auf sein Taschentuch und benetzte damit ihren Kopf.
»Was ist das für ein dreckiger Lappen!«, rief die Königin empört. »Nimm meinen Schleier! Und dann häng den Schleier wieder um mich. Ich bin doch in großer Trauer.«
»Jawohl, Majestät«, sagte Anders ehrerbietig, wobei er sein Taschentuch, das ein halbes Jahr lang nicht in der Wäsche gewesen war, wieder in seine Hosentasche steckte. Aber dann kam er auf das, was ihm so am Herzen lag.
»Majestät«, sagte er, »wo ist denn Federchen? Ich habe sie doch gesehen. Sie muss hier im Berg sein. Oder hat der Specht ... «
»Still!« Die Königin weinte. »Von dem Specht soll niemals gesprochen werden! Bitte noch etwas Rosenwasser. Er ist ein Unheilbringer. Schreib das in die Geschichtsbücher. Die Kinder müssen wissen, wie böse er ist. Vorsicht bitte mit meinen Augen!«
»Jawohl, Majestät«, sagte Anders bedrückt. Er benetzte die Stirn der Königin mit dem angefeuchteten Schleier. Das Fläschchen war beinahe leer. »Hat er jemand ... ich meine, ist jemand mitgenommen worden?«, fragte er zitternd. Es war, als sei die Königin von einer Wespe gestochen worden.
»Mitgenommen?«, rief sie erregt aus. »Mitgenommen?! Was denkst du denn? Haben wir kein Heer? Haben wir keine tapferen Soldaten? Meinst du etwa, die hätten sich nicht in Sicherheit bringen können? Holterdiplotz sind alle in die Keller geflüchtet und haben sich da versteckt. Meine Ameisen sind Helden. Vergiss das bitte nicht. Und jetzt entferne dich. Geh in die Schule und lerne was. Wecke Fräulein Zwoa auf. Oder nein, lass sie schlafen, und lass mich auch schlafen, in meinem Trauerschleier. Trauer über diese entsetzlichen Verwüstungen ...«
Die Königin wandte sich ab, und Anders wollte in die Keller gehen. Aber ihre gebieterische Stimme rief ihn zurück.

»Bleibe noch hier, Knappe«, sagte sie, »und sing mich erst in den Schlaf!«

»Entschuldigen Sie bitte vielmals, Majestät, aber ich muss unbedingt Federchen suchen!«

Die Königin richtete sich auf, schlug ihren Schleier zurück und sagte: »Jetzt sehe ich es erst richtig. Sie sind ja der Untergeneral Anders, der in der berühmten Schlacht die vielen Gefangenen machte. Ich erinnere mich ganz genau. Wir freuen uns, Sie zu sehen. Wir haben auch einen Brief für Sie.«

Anders war so überrascht, dass er auf den Kieseln ausrutschte und sich auf sein Hinterteil setzte.

»Ein Brief? Für mich?«, fragte er.

»Jawohl, ein Brief. Von Federchen.« Sie wies auf den Tisch. »Den hat sie da für Sie zurückgelassen.«

»Was?«, rief er und lief auf allen vieren zu dem Tisch. »Wo ist sie denn hin?«, fragte er aufgeregt und griff nach dem Papier. Mit zitternden Fingern drehte er das Blatt hin und her und suchte den Anfang.

»Ach«, seufzte die Königin, »wo ist sie hin? Ach, ach, ach, mein Kopf, mein armer Kopf ...« Sie sank in die Kissen zurück, und ihr schwarzer Schleier fiel ihr wieder über das Gesicht, während Anders las.

Lieber Anders,
ich sage Dir Lebewohl. Für immer. Als der Specht anfing, den Berg aufzuhacken, war ich froh, denn ich dachte, dann macht er dir ein Loch, durch das du in den Berg hineinkommst. Die Ameisen waren schon längst in die Keller gekrochen, sodass er sie mit dem Schnabel nicht erreichen konnte – aber Limali glückte das nicht. Sie war ja blind, und da ist sie in einen verkehrten Gang hineingelaufen. Als ich sie rief, war es zu spät. Der Specht hatte sie schon gepackt. Nun ist niemand mehr da, der Dir sagen könnte, wie viel neunmal sieben ist. Sie allein wusste das.
Anders, lieber Anders, ich habe mich entschlossen, es Dir zu sagen. Ich schreibe es dir hier in diesem Brief, und wenn ich das getan habe, kann ich es nie wieder hinschreiben. Denn dann werde ich zu einer Feder, aber für immer. Nie mehr werde ich zu einem Mädchen. Das ist die Strafe des Großen Zauberers, wenn ich es noch einmal tun sollte. Aber ich tue es doch, denn ich will dir helfen. Das habe ich dir versprochen. Und nun weiß ich nichts mehr. Lieber Anders, leb wohl.
Du bist ein tapferer kleiner Kerl und gar nicht dumm. Jetzt schreibe ich es hin.
Nachschrift: Neunmal sieben ist dreiundsechzi …

Das G stand nicht mehr auf dem Blatt Papier. Es war nur ein Strich, der in einen hässlichen Tintenfleck auslief. Der Federhalter lag auf dem Boden.
In einer Ecke des Saals, hinter der Tür, durch die Anders hereingekommen war, lag eine weiße Daunenfeder.

Ein alter Bekannter

»Sing mich in den Schlaf!«, rief die Königin Ziwiria herrisch. Anders gab ihr keine Antwort. Er saß in der Ecke des Saals, hielt die Feder in seiner Hand und starrte betäubt vor sich hin.

»Sing mich in den Schlaf! Wir befehlen es!«, rief die Königin. Jetzt drehte sich Anders langsam um, hielt die Feder zärtlich in seiner Hand und sah zu dem Sofa hin, auf dem die Königin lag. Tränen standen in seinen Augen.

»Hörst du nicht, was ich sage?«, rief die Königin. »Singen!« Anders machte den Mund auf, aber kein Schlaflied kam über seine Lippen, sondern nur ein Schluchzen.

»Das klingt ja schauderhaft!«, rief die Königin. »Singen sollst du, nicht heulen! Das gehört sich nicht an einem Königshof. Zela und Bela, jagt ihn weg!«

Die Tür zum Saal ging auf, aber anstelle der beiden Dienerinnen erschien jemand anders, nämlich Herr Podzok.

»Sind Sie wach, Majestät?«, fragte der Ameisengeneral. »Ich hörte Lärm. Was geht hier vor?«

»Ach«, jammerte Ziwiria, »nichts als Unannehmlichkeiten. Da in der Ecke.« Sie zeigte auf Anders.

Herr Podzok machte eine zackige Wendung, aber kaum hatte er Anders gesehen, gab er seine starre Haltung auf. Hocherfreut rief er: »Anders! Bist du wieder zurück! Wie geht's, wie steht's, mein Junge?«

Aber Anders schluchzte und antwortete nicht.

Herr Podzok sah den Brief auf dem Boden liegen. Er nahm ihn auf und las ihn durch. »Bist du bei dem Großen Zauberer Miri-Muri gewesen?«

Anders schüttelte den Kopf.

»Ja, aber wie …«, fragte Herr Podzok. »Ich erinnere mich doch, dass du immer von Miri-Muri gesprochen hast, als ich dich kennenlernte. Damals warst du allerdings ein ganz kleiner Junge.«

Anders hob langsam seinen Kopf.

»Bin ich das denn nicht mehr?«, fragte er erstaunt, während ihm seine Tränen übers Gesicht liefen. Herr Podzok lachte.

»Das warst du schon nicht mehr, als du einundzwanzig Soldaten der Schwarzen gefangen nahmst, und seitdem hast du eine Menge durchgestanden. Inzwischen bist du gewachsen, das sehe ich sofort mit meinem militärischen Blick. Wo bist du gewesen?«

Nun fing Anders an zu berichten, und er erzählte alles, was er erlebt hatte, nachdem er aus dem Ameisenberg weggeweht wurde. Von Herrn Brommel, von der Klatschmohndame Elvira Amalia, von den Raupen, von dem schönen Schmetterling Juliana, von den drei Schneckendamen, von der bösen Spinne, von der Grille, vom Sommerabschieds-Konzert, von seinem langen Marsch mit Federchen, vom Sturm, vom Specht, vom Schnee, von den Wildgänsen, vom Eis und von seiner Ankunft am Ameisenberg.

»Und jetzt kann ich das Einmaleins mit der Sieben. Jetzt kann ich es aufsagen und den Großen Zauberer bitten, mich anders werden zu lassen. Aber nun liegt mir nichts mehr daran, gar nichts.«

Die Tränen kamen ihm wieder, während er die Feder an sich drückte.

Herr Podzok räusperte sich ausführlich und sagte dann: »Mein Junge, mein lieber Junge, du bist ein tapferer Kerl geworden. Und dazu ein gelehrter Herr, der sich mit dem Einmaleins der Sieben auskennt, und weiter ein tüchtiger Arzt. Lass doch den Großen Zauberer nur kommen. Erst habe ich immer lachen müssen, wenn du von dem Miri-Muri sprachst, aber das ist nun vorbei. Wir Ameisen rechnen nur bis zur Sechs. Aber du bist ein Mensch. Du kannst mehr. Du kannst sogar mit dem Großen Zauberer sprechen – wir können das nicht. Und was Federchen für dich getan hat, das musst du auch annehmen. Sonst hätte sie ja alles umsonst getan. So ist das.«

Anders schwieg. Indessen hatte die Königin nicht mehr gejammert, sondern genau zugehört.

»General Podzok«, sagte sie, »diese Geschichte wird aufgeschrieben, in ein ganz dickes Buch. Jedermann soll es auswendig lernen, und mir soll man daraus vorlesen, jeden Abend!«

»Zu Befehl, Majestät«, antwortete Herr Podzok.

»Und nun singen Sie mich in den Schlaf«, befahl die Königin.

»Zu Befehl, Majestät«, antwortete er. Gewichtig trat er an das Sofa heran, nahm Haltung an, räusperte sich gründlich und sang dann mit seiner tiefen, etwas verrosteten Generalsstimme:

Frau Königin, Frau Königin,
nun leget Euch zum Schlafen hin.
Majestät, Majestät,
schlaft schnell ein, es ist schon spät.
Kommt der wunderschöne Mai,
ist der Winterschlaf vorbei.
Dann trete ich, der General,
in Euren edlen Königssaal.
Und wie der Hahn, der schmetternd kräht,
weck' ich Euch auf, oh Majestät!

Ein lautes Schnarchen bekundete, dass das Schlaflied seine Schuldigkeit getan hatte. »Komm«, flüsterte Herr Podzok dem Jungen zu, und auf den Zehen verließen sie den Saal.

»Ich gehe wieder in den Keller«, sagte der Ameisengeneral, und er gähnte so heftig, dass seine Kinnbacken knackten.

»Gehen Sie nur«, murmelte Anders, »ich werde schon sehen, was ich jetzt anfange.«

Und während Herr Podzok abmarschierte, blieb Anders sitzen, hielt die Feder in seiner Hand und starrte freudlos ins Dunkel.

Zehnmal sieben

Der Wind hat lange Arme, kalte im Norden und warme im Süden, nasse im Westen und trockene im Osten. Er streckt bald die einen aus und bald die anderen und spielt mit allem, was er findet, mit Blättern, Papieren, Zweigen, Hüten, Bäumen, mit Schiffen und mit Segeln. Er rüttelt und schüttelt, er reißt und beißt, er fasst in Hast. Aber im vereisten Wald war alles festgefroren, und nichts bekam er in seine Gewalt. Woran er auch rüttelte – das glasharte Eis gab nichts her und hielt eisern fest.
Und doch gab er nicht auf. Er wich hier und da zurück, kam jedoch mit verdoppelter Macht wieder, und dann raste er in wilden Stößen als Sturm durch den Wald. Es war, als wüsste er ganz sicher, dass da für ihn noch etwas zu packen war. Mit seinen Fingern fuhr er in alle Risse und Spalten, so tief er nur konnte, und auf seiner Suche kam er auch an den Ameisenberg. Durch die Löcher, die der Specht gehackt hatte, fuhr er in den Berg und pustete nun durch dessen Gänge, und da fand er endlich, was er suchte: Am Ende eines langen Tunnels sah er eine weiße Daunenfeder.
»Komm!«, flüsterte er. »Komm mit nach draußen!« Aber die Feder saß fest – nicht etwa, weil sie an eine Tannennadel festgefroren war, sondern weil ein kleiner Junge sie festhielt.
»Lass los!«, rief der Wind und wollte ihm die Feder entreißen. »Lass los! Oder ich nehme dich mit!« Aber der Junge hielt fest. Da blies der Wind mit aller Kraft und riss die Feder zum Gang hinaus. Doch Anders ließ nicht los, und als sie in die Luft geschleudert wurde, flog er mit.
Der Wind trieb mit der leichten Feder ein wildes Spiel, und die Windstöße warfen ihre Beute einander zu.

»Hierher!«, rief eine Stimme.
»Nein, dorthin!«, rief eine andere.
»Fang sie!«, rief eine dritte.
Es war bitterkalt, viel zu kalt für eine Flugreise durch die Luft. Wer an der Feder hing, musste erfrieren und dann auf die Erde stürzen.
Nun aber rief eine neue Stimme: »Hört auf damit! Das ist kein Spiel! Das ist Ernst. Bringt sie an die befohlene Stelle!«
»Oi, oi, oi«, riefen die Stimmen, »wir haben die Richtige gefangen!«
»Die Richtige? Was meint ihr?«
»Federchen! Aber sie ist es nicht mehr!«
»Wenn sie es nicht mehr ist, warum soll sie dann dorthin?«
»Weiß ich nicht ... weiß ich nicht ... macht nur schnell!«
In einer geraden Linie schoss die Flaumfeder mit der Last, die sie trug, durch die Luft, und ein letzter Stoß warf sie beide auf ein hartes Holz.

»Au!«, rief Anders. Ihm war zumut, als erwache er aus einem Traum. ›Wo bin ich?‹, dachte er, ›und was ist mir da nur alles passiert?‹
Er blickte sich um, und seine Augen wurden vor Staunen immer größer und größer, denn er saß auf der Fensterbank seines Schlafzimmers. Das Fenster war geöffnet. Draußen stand der Vollmond hoch am Himmel.
»Dann habe ich doch nicht alles nur geträumt«, sprach der Junge zu sich selbst. »Dann bin ich wirklich durch die Luft geflogen!« Eine ganze Weile blieb er nachdenklich sitzen, mit der Feder in der Hand.
»Federchen«, sagte er, »ich bin jetzt wieder zu Hause, und nun weiß ich, was ich zu tun habe. Ja, ich weiß es genau. Warte nur!«
Er stellte sich hin, kehrte sein Gesicht dem Mond zu und sprach feierlich: »Einmal sieben ist sieben. Dann ist Federchen gekommen – zweimal sieben ist vierzehn. Dann habe ich die Schwarzen Ameisen gefangen – dreimal sieben ist einundzwanzig. Dann habe ich

die Staubgefäße der Klatschmohndame gezählt – viermal sieben ist achtundzwanzig. Dann wurde ich an den Raupenfäden hochgezogen – fünfmal sieben ist fünfunddreißig. Dann hat Federchen mich gefunden und hat mir vorgesagt – sechsmal sieben ist zweiundvierzig. Dann habe ich den Schnecken eine Brücke gebaut – siebenmal sieben ist neunundvierzig. Dann bin ich in das Netz der Spinne gekommen, und von ihr habe ich die Eselsbrücke gelernt – achtmal sieben ist sechsundfünfzig. Dann habe ich Federchen wiedergefunden und bin mit ihr zum Ameisenberg marschiert. Aber dann ging alles daneben, und dann hat Federchen mir noch einmal vorgesagt: neunmal sieben ist …«

Er fasste in seine Hosentasche und holte ihren Brief hervor. Tränen traten in seine Augen. »Neunmal sieben … (er konnte es kaum noch lesen) ist dreiundsechzig. Dann hat uns der Wind wieder hierhergebracht: Zehnmal sieben ist siebzig!«

Mit klopfendem Herzen sah Anders aus dem Fenster, aber nichts geschah. In dem Gärtchen hinter dem Haus standen ein paar dürre Sträucher und ein hoher Baum, der im Mondlicht einen wunderlichen Schatten auf den Erdboden warf. Alles stand still. Nichts rührte sich.

»Großer Zauberer!«, flüsterte Anders.

Er hörte nichts. Aber mit einem Mal schien es, als sei der Schatten dort draußen etwas anderes als nur ein Schatten. Er schien sich aufzurichten. Und der Baum schien ein paar Äste zu haben, die gar keine Äste waren, sondern die Arme einer schwarzen Gestalt. Stand da jemand, der so groß war wie der hohe Baum? Jemand, den du nicht sahst? Der keine Beine hatte und doch stand? Der keinen Kopf hatte und dich doch ansah? Der ein Baum zu sein schien und doch kein Baum war?

Den Jungen überlief ein kalter Schauer.

»Sind Sie der Große Zauberer?«, fragte er leise. Nun war er ganz sicher, dass da eine geheimnisvolle Gestalt stand. »Sind Sie zu mir gekommen?«

Da erklang eine Stimme, die einem Windhauch glich

»Ja, gewiss. Was willst du denn von mir?«

Anders hielt die Feder vor sich hin. »Ich ... ich ... Frau Buhl hat mir gesagt, dass ich das Einmaleins mit der Sieben aufsagen müsste, dann kämen Sie und könnten mich verzaubern. Ich möchte doch gern anders sein. Aber wissen Sie, lieber möchte ich, dass Sie mich nicht verzaubern, sondern dafür Federchen wieder zu einem kleinen Mädchen machen, wenn ich bitten darf.«

»Und weshalb bittest du mich jetzt darum?«

»Entschuldigen Sie vielmals«, sagte Anders, »sie hat mir geholfen, mich gerettet. Ich möchte nicht, dass sie eine Feder bleibt. Und ich konnte doch das Einmaleins tadellos.«

»Jawohl«, sagte die Stimme, »einwandfrei.«

»Sie konnte es auch. Sie hat mir vorgesagt. Ich meine, nicht immer. Nur neunmal sieben. Und noch sechsmal sieben.«
»Willst du wirklich nicht anders werden?«
»Nein, bestimmt nicht. Ich will Anders bleiben.«
Da war ein sonderbares Lachen zu hören, und dann sagte die Stimme: »Anders bist du geblieben, mit einem großen A, aber anders bist du doch geworden, mit einem kleinen a. Jetzt gehst du wieder in die Schule, wirst Anders bleiben und doch anders sein, und du wirst viel mehr lernen als bloß das kleine Einmaleins. Und was der Schmetterling in dir sah, das wirst du werden – ein Doktor. Aber du wirst anders sein als alle Doktoren – ein Doktor für Menschen und Tiere. Ein Wunderdoktor.«
Der Junge stand mit offenem Mund da. Aber dann rief er aufgeregt: »Und was wird aus Federchen? Ach bitte, geben Sie ihr doch ihre wahre Gestalt zurück!«
Von dem Großen Zauberer war nichts mehr zu sehen, aber seine Stimme vernahm er noch: »Weil du darum gebeten hast, soll es auch geschehen, und du selbst sollst sie verwandeln. Sag Huiii!«
»Huiii!«, rief Anders, so laut er konnte – und im selben Augenblick stand Federchen vor ihm, in ihrem weißen Röckchen und ihren weißen Pantöffelchen.
»Federchen!«, sagte Anders, und daran, wie er das sagte, war zu hören, wie glücklich er war.
»Anders«, flüsterte das kleine Mädchen, »du … du!« Und sie gab ihm einen Kuss.
»Du hast sie gerettet, Anders«, sagte die Stimme. »Jetzt nehme ich sie mit. Aber später, viel später werdet ihr euch vielleicht einmal wiedersehen.«
Ein Windstoß fuhr durch die Kammer, sodass Anders sich an der Gardine festhalten musste. Ihm war, als hörte er noch einmal Federchens Stimme – aber dann schrie er auf!

Er spürte einen heftigen Schmerz, der seinen Körper durchfuhr, einen Schmerz in den Armen, im Rücken, in den Beinen, im Hals, in den Knien und in den Füßen. Als er sich umsah, waren der Große Zauberer und Federchen endgültig verschwunden.
In dem Gärtchen hinter dem Haus stand der hohe Baum, den das Mondlicht beschien, aber die Fensterbank war ganz klein geworden, so klein, dass Anders gerade noch auf ihr sitzen konnte.
Er war wieder groß geworden, so groß wie früher, so groß wie ein richtiger Schuljunge.

Als sein Vater am anderen Morgen in seinem Frisiersalon gerade dabei war, den Bauern die Haare zu schneiden, flog auf einmal die Tür auf, und seine Frau stand auf der Schwelle. Eine ihrer Backen war feuerrot, die andere war leichenblass. In ihren Augen standen Tränen, aber ihr Mund lachte.
»Mann«, keuchte sie, »Anders ist wieder da! Er liegt in seinem Bett. Er schläft –« Weiter kam sie nicht, denn ohnmächtig sank sie zu Boden.
Der Vater rannte nach oben, und die Bauern schafften die Frau in einen Rasiersessel. Dabei bekam sie eine Portion Rasierschaum auf ihren Rock und ins Gesicht ein paar Spritzer des teuren Riechwassers, das die Bauern aus einer funkelnagelneuen Flasche sprengten. Der Vater kam wieder in seinen Laden gerannt.
»Er schläft!«, rief er. »Tatsächlich, er schläft! In seinem Bett! Als ob er gar nicht fort gewesen wäre. Und alle Türen waren verschlossen!«
»Was habe ich gesagt?«, äußerte der Bauer mit der krächzenden Stimme. »Zauberei, alles Zauberei!«
An diesem Morgen konnte der Bartscherer nicht mehr arbeiten, denn seine Hände zitterten zu sehr. Die Bauern mussten mit Stoppelbärten wieder nach Haus gehen, und einer war sogar nur auf einer Seite rasiert. Der Salon wurde geschlossen, und Mann

und Frau saßen am Bett ihres Jungen und warteten darauf, dass er wach würde. Das geschah dann zehn Minuten nach halb zwölf. Als Anders die Augen aufschlug, sagte seine Mutter: »Junge, wo bist du denn nur die ganze Zeit gewesen?«

»Ich habe das Einmaleins mit der Sieben gelernt«, antwortete er noch ganz verschlafen.

»Und kannst du es nun auch?«, fragte sein Vater. »Ich meine ... na ja ... wo hast du denn nur gesteckt? Deine Mutter und ich, wir ... wir ...«

Der Vater konnte aus ihm nichts herausbringen, und seine Frau auch nicht. Aber sie umarmten ihren Jungen, bis er beinahe plattgedrückt war, und dann bekam er zwei belegte Brote und eine Tasse Schokolade.

Später hat Anders genau erzählt, was er alles erlebt hatte. Aber das wollte ihm natürlich niemand glauben.

Paul Biegel

Eine Geschichte für den König

Aus dem Niederländischen
von Lotte Schaukal

160 Seiten, Halbleinen

Wie eine schief stehende Uhr – so schlägt das Herz des alten Königs; und das heilende Schlüsselkraut muss der Wunderdoktor erst aus dem hohen Norden holen. Was kann König Mansolin bis zu seiner Rückkehr am Leben erhalten? – Geschichten natürlich! So eilen die Tiere, ihre Geschichten im Gepäck, zur Burg des Königs, und ein wunderlicher Reigen unerhörter und alltäglicher, zarter, skurriler und schaurig-schöner Geschichten beginnt, die alle dazu beitragen, dass König Mansolins Herz weiterschlägt. Wird es durchhalten?

Ein hervorragendes Vorlesebuch dieses preisgekrönten, äußerst vielseitigen niederländischen Autors.

Mit Illustrationen von Linde Faas

Ein Vorleseschatz mit poetischem Zauber.
NZZ

Urachhaus

Paul Biegel

Die Prinzessin mit den roten Haaren

Aus dem Niederländischen
von Siegfried Mrotzek

147 Seiten, Halbleinen

Drei Räuber entführen die »Rote Prinzessin« – und lösen ein heilloses Durcheinander aus. Aber diese Prinzessin – feurig wie ihre Haare – lässt sich nicht einfach wegsperren! Sie ist von Kopf bis Fuß eine Hoheit: Aufmüpfig und durchsetzungsfähig geht sie ihren Weg.
Der niederländische Autor Paul Biegel erzählt mit scharfer Zunge und Augenzwinkern eine Abenteuergeschichte, die beim Vorlesen und Selberlesen gleichermaßen begeistert.

Mit Illustrationen von Linde Faas

*Unterhaltsames Vorlese- und Schmökerfutter
mit einer Prise Tiefgang.*   Eselsohr

Urachhaus

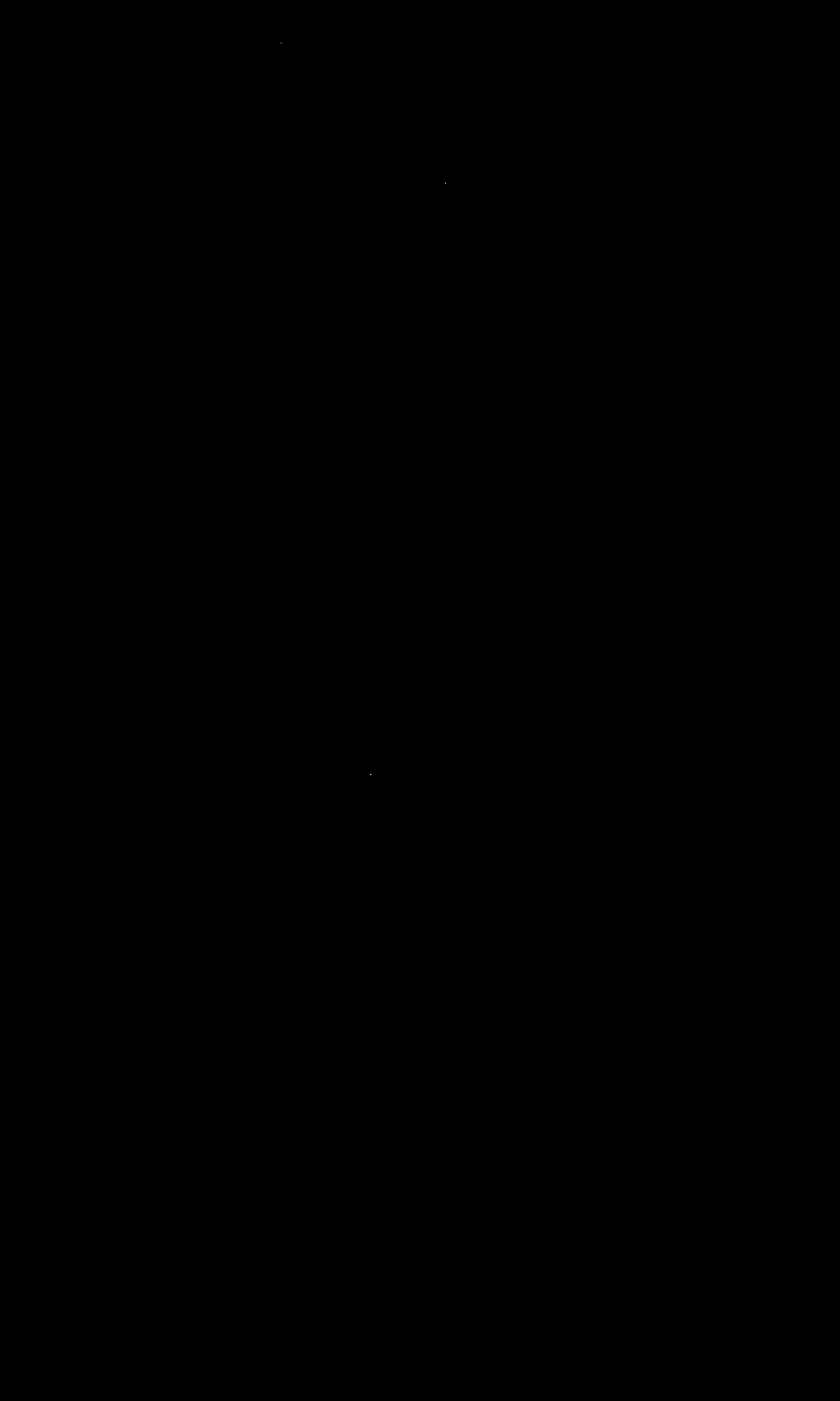